'웬수' 같은 내 아이의 열린 미래를 향한 도전

'웬수' 같은 내 아이의 열린 미래를 향한 도전

조영달 지음

f&g 파인앤굿

못다 한 일들을
후회하며

부모로서 자녀를 제대로 길렀다고 자신하는 사람은 드물 것입니다. 필자도 예외는 아닙니다. 필자로서 이 글을 써 내려가는 과정은 과거의 자신을 반성하는 것이기도 했습니다. 좀 더 깊이 생각했더라면 하는 아쉬움도 남고, 좀 더 단호했더라면 하고 후회하는 때도 있었습니다. 또 '가끔은 나도 그랬었지' 하고 자위하기도 했지요.

이 글은 필자의 생각과 성향이 가미되어 있음을 부인할 수 없습니다. 되도록 많은 글들을 참고하고 종합적으로 생각하려 했지만, 능력의 부족과 생각의 모자람으로 어쩔 수 없이 필자의 편견이 반영될 수밖에 없었음은 안타까운 일입니다. 조기유학에 대해서도 "오로지 자녀를 위해서"가 아니라 "부모의 삶도 보호하면서 자녀를 생각하자"

는 태도를 취한 것이 한 예입니다. 부모가 자신의 삶을 소중하게 여기면서 자녀를 도우려는 자세가, 오히려 먼 장래에 모두에게 행복할 것이라 생각했습니다. 어쩌면 글을 쓴다는 것 자체가 글쓴이의 주관이 작용하는 것인지도 모르지만 말입니다.

이 글의 바탕에는 하나의 흐름이 있습니다. 그것은 오늘의 삶이 과거 산업혁명의 시기처럼 새로운 시대로 옮아가는 과정에 있다는 점입니다. 지식정보 사회의 도래로 삶의 모습이 크게 바뀌고 있음이 그러하고, 새로운 기술과 과학의 태동이 그러하며, 세계가 활짝 열려 있음이 그러하고, 환경오염과 에너지 부족에 대한 위기감을 느끼고 있음이 그러합니다.

불과 20여 년 전만 하더라도 오늘날의 인터넷과 같은 빠른 교신은 생각하기 어려웠으며, 동물을 복제한다는 이야기를 쉽게 들을 수 없었습니다. 외국의 어려움이 곧바로 한국의 어려움이 될 정도로 세계가 얽혀 있다고 생각하지 않았습니다. 경제성장이란 말은 있었어도 '녹색성장'이란 말은 쉽게 와 닿지 않았습니다. 아무 생각 없이 사람을 해치는 일이 이렇게 자주 일어나지도 않았습니다. 참으로, 세상이 너무도 빠르게 많이 변화하고 있음을 느낍니다.

새로운 시대는 과연 인간의 삶에 어떠한 변화를 몰고 올까요?
여러 가지를 예상할 수 있지만, 한 가지 분명한 것은 미래를 예측하기 어려우며, 기존의 방식으로 사회의 여러 문제를 해결하기가 쉽지 않을 것이란 점입니다. 과거처럼 그저 열심히만 일한다고 잘살 수 있는 것은 아닙니다. 내가 직장에서 아무리 애써도 내 생각과는 다르게 다른 나라 경제의 어려움 때문에 회사가 문을 닫을 수 있습니다. 내 삶이 그만큼 불확실하고, 이에 대처하기 위해서는 더욱 많은 고려가 필요하다는 말이지요. 좀 비약하자면, 새로운 상황에서 문제를 해결하려면, 기존의 것이 아닌 좀 더 창의적이고 좀 더 종합적인 해결 방식이 필요하다는 것입니다. 누가 던져주는 답이 아닌, 해결책을 스스로 찾아낼 수밖에 없다는 것입니다.

그러면서도 동시에 이러한 변화 때문에 근본적인 인간의 모습이 일그러지지는 말아야 할 것입니다. 오로지 공부밖에 없다고 생각하여 이것만을 강조하면, 지극히 이기적인 자녀를 만나게 될 수도 있습니다. 성적을 높이려 부정을 저지르기도 하고, 잘못된 경쟁을 위해 우정을 버리기도 합니다. 세상 모두가 자기만을 위해 존재한다고 생각하는 아이들을 만날 때면 가끔 슬퍼지기도 합니다.

앞으로 변화의 시대를 살아가야 하는 자녀를 위한 교육도 마찬가지입니다.

좀 더 깊이 생각하고 스스로 성찰하면서 창의적인 해법을 찾아갈 수 있는 능력을 길러야 할 것입니다. 대학을 다니면서도 과외를 받으려는 학생을 볼 때면, 어릴 적 스스로 공부하는 습관이 얼마나 중요한가를 느끼게 됩니다. 세칭 일류대학을 나와 대학원에 진학해서도 새로운 생각을 하지 못해 결국 학위 취득에 실패하는 학생을 볼 때면, 남이 먹여 주는 밥이 결국 독이 되었음을 느낍니다. 어릴 적 스스로 생각하고 창의적인 해결책을 찾는 훈련을 하지 않으면, 직장에서 좌절하고 결국 삶에서 좌절할 수 있습니다.

앞으로 다가올, 더욱 불확실하고 예측하기 힘든 세상에서는, 그만큼 스스로 답을 찾고 어려움을 극복할 수 있는 능력을 길러야 할 것입니다. 어릴 적부터 스스로 계획을 세우고, 스스로 확인하고 점검하며, 때로는 자신을 절제할 수 있어야 할 것입니다. 스스로에게 무엇이 필요한지 자신의 처지가 어떠한지 분명히 생각할 수 있어야 할 것입니다. 자신의 미래를 생각하면서 스스로 꿈을 키워 나갈 수 있어야 할 것입니다. 저는 이러한 능력이 오로지 남의 도움으로 '빛바랜 훈장'을 다는 것보다 더욱 값진 '승리'를 약속하리라 믿고 있습니다.

이러한 지적인 능력과 더불어 가족이나 이웃 및 다른 사람들에게도 인간의 도리를 다하도록 해야 하며, 남을 도울 줄도 알고 또 도움을 받을 수도 있어야겠지요. 세상에 그 누구도 혼자 살아갈 수는 없습니다. 아무리 훌륭한 설계사도, 쇠와 나무를 절단하고 무거운 벽돌을 나르는 사람이 있어야 실제의 물건을 만들 수 있습니다. 진정한 성공은 다른 많은 사람들의 도움이 필요합니다. 참되게 사람을 대하고, 남을 아량으로 이해하며, 믿을 수 있는 사람이 되는 것은 이러한 일을 가능하게 할 것입니다.

이렇게 길러진 자녀는 자신의 시대와 함께 일하는 사람들을 이끌 수 있을 것입니다. 사실 시대를 이끈 인물들은 대부분 스스로 꿈꾸며, 자신의 삶을 계획하고, 다른 사람들을 포용하고 믿음을 준 사람들이었습니다. 그런데 이러한 자질은 어릴 적 조그마한 일에서, 작은 순간들이 쌓여서 형성된 것들입니다. 아마도 친구로서 안내자로서 엄한 스승으로서, 어떤 형태로든 부모의 역할은 매우 컸을 것입니다.

그런데 이렇게 생각할 수는 있지만, 자녀를 이렇게 키우기란 쉽지 않습니다. 저 자신, 우선 이렇게 깊이 생각하면서 자녀를 대하지 못했습니다. 비슷한 생각을 할 때에도 행동으로 옮기기 어려웠습니다. 서로 대화하면서 자녀를 이해하려 노력하기 어려웠고, 얼굴색을 온화하게 유지하기 힘들었습니다. 친구처럼 지내야겠다고 생각했지만, 곧바로 역정을 내기도 했습니다. 때로는 대견하고 자랑스러웠습니다. 아마도 울며, 웃으며, 사랑하며 지내온 세월이 아니었나 싶습니다.

이 책은 초고로부터 여러 번의 손질 과정을 거쳤습니다. 학교 교육이나 세상의 변화에 대해 서술한 부분이 상당 부분 초고에서 빠졌고, 창의력이나 비판적 사고력 등의 고등사고력에 대한 설명도 원래의 원고에서 제외되었습니다. 또한 대학입학시험제도나 교육과정에 대한 부분도 삭제했습니다. 부모님들을 위한 좀 더 간편한 책이 되었으면 좋겠다는 충고 때문이었습니다. 또한 필자의 어려운 문장들이 손질을 거치면서 다 다듬어졌습니다. 이 책이 나오기까지 물심양면으로 도와주신 박진규 사장님과 열의와 수고를 아끼지 않으신 장성원 대표님께 깊이 감사드립니다.

제가 못다 한 일들을 다른 분들은 할 수 있기를 간절히 바랍니다.

2009년 봄 | 조영달

CONTENTS

Part 02 스스로 계획하고 실천하는 창의적 자녀로 키우자

"부모는 자녀가 스스로 생각하고 계획하고 실천하는
창의적 인간으로 성장할 수 있도록 하는 말동무이며,
때로는 물이 새나가지 않도록 분명하게
논두렁을 쌓아 주어야 하는 사람이다."

Part 01

세상을 개척하고
리드해 가는
자녀로 키우자

같은 조건이면 되도록 '좋은 대학'에 입학하는 것이 좋겠지요. 그러나 시간이 흐를수록 개인의 능력과 인품은 드러나게 마련이며, 기업에서 직원을 채용하는 방식 역시 전문적 능력과 특수한 경험을 중시하고 있습니다. 이제는 좋은 대학이 아니라 어떻게 자신을 계발하느냐가 중요합니다.

대학도 목적이 아닌 수단으로 변하고 있다

- 반드시 '좋은 대학'에 가야 하는가?
- 중요한 것은 자신을 계발하는 것이다

반드시 '좋은 대학'에
가야 하는가?

자녀가 커가면서, 우리나라 부모들에게 가장 큰 고민거리는 아이를 좋은 대학에 보내는 것입니다. 어릴 때 내 아이는 항상 누구보다 착하고, 예쁘고, 공부도 잘합니다. 그래서 많은 분들이 아이의 능력을 믿고 열심히 공부하도록 독려합니다. 인생의 성패가, 심지어는 부모 인생의 성패조차도 아이가 좋은 대학에 진학하는 것에 달려 있다고 생각하기도 합니다. 그러나 아이들이 모두 원하는 대학에 갈 수는 없으며, 어떤 경우는 그럴 필요도 없을지 모릅니다.

자녀를 둔 부모들의 가장 큰 관심거리인 대학이 왜 생겨나고 그곳이 실제로 어떤 기능을 하는지에 대해선 아마 생각해 보지 않으신 분들도 많을 것입니다. 우리는 좀 더 차분하게 대학이란 무엇인지, 또

공자(孔子)나 플라톤(Platon) 시대에도 스승과 제자 사이에 대화를
통한 일종의 대학교육이 있었습니다. 그렇지만 오늘날과 같은 모습
으로, 학문에 관심 있는 사람들이 스스로 공부하는 조직을 만든 것은
그리 오래 전이 아닙니다. 12~13세기에 들어서서야, 사회가 발전하
고 알려는 욕구가 커지면서 법이나 종교, 의료 분야의 전문가를 키우
고 교양을 넓히려는 생각에서 이런 일을 할 수 있는 조직을 만들게
되었지요. 이것이 오늘날 우리가 말하는 대학의 형태입니다. 물론 이
러한 대학은 세월이 지나면서 **국가의 필요에 의해**[1] 오늘날과 비슷한
모습의 교육 체계를 갖추게 되었습니다. 이후 자연과학과 사회과학
이 발전하면서 학문 탐구, 직업인 양성, 교양 교육의 역할을 수행하
는 오늘날의 모습을 갖추게 되었습니다.

오늘날의 대학은 이러한 역할을 수행하기 위해 일정한 틀을 유지
하고 있습니다. 전공 분야를 중심으로 학과가 구성되어 있고 학생들
은 일정한 과목을 체계적으로 수강하면서 캠퍼스를 중심으로 생활합
니다. 또한 학생들은 대학을 다니는 동안, 동아리 활동이나 자신의
관심에 따라 동년배나 선배들과 함께 여가를 보내기도 합니다. 이러
한 과정을 거쳐 졸업 요건을 갖춘 학생들은 졸업장을 들고 직장과 사

회로 진출하게 됩니다.

여기서 대학을 둘러싼 최근의 몇몇 변화들은 흥미롭습니다. 여러 학문이 서로 섞이고, 법률가나 의사 등 전문 직업인을 양성하는 기능이 대학에서 대학원으로 옮겨가고 있습니다. 이 과정에서 새로운 전공이 생겨나고 여러 분야를 두루 공부해야 할 필요가 생겼으며, 법학전문대학원·의치학전문대학원 등이 새롭게 만들어졌습니다.

또 하나 중요하게 생각해야 할 점은 과거와는 달리 몇몇 대학들을 제외하고는 누구나 마음먹으면 대학에 진학하기에 이르렀다는 것입니다. 현재 우리의 많은 대학들은 어떻게 신입생을 확보하는가가 초미의 관심사일 정도입니다. 이는 대학 졸업장이 일정 수준의 능력을 보증하는 기능이 사라져 가고 있음을 뜻합니다.

동시에 **국제적 개방**[2] 속에서 대학 역시 다른 나라와 경쟁하게 되었습니다. 오늘날 외국인 학생이 급증하고 많은 수의 한국 학생들이 외국의 대학으로 진학하며, 한국의 유명 대학들이 영어 강좌를 개발하고 있음은 이를 보여 주는 좋은 사례입니다.

그러면 과연 우리나라 사람들은 '좋은 대학'을 어떻게 생각할까요?

인터넷에서 사람들은 '좋은 대학'을 이렇게 말하고 있습니다. 즉, 취업이나 전문 분야 연구에서 학생의 목적 달성에 도움을 줄 수 있는 대학, 좋은 친구와 선배들이 많은 대학, 사회적으로 명성이 있는 대학 등이 '좋은 대학'의 기준이었습니다.

　실제로 좋고 나쁨은 사람에 따라 달라질 수 있는 질문이어서, '좋은 대학'이 어떤 곳인가를 답하는 데에는 어느 정도 주관적인 판단이 개입될 수밖에 없겠군요. 흔히 교수의 수준과 연구력, 시설과 환경, 교육과정, 졸업생의 취업, 사회적 명성을 중심으로 대학의 순위를 매기기도 합니다. 그렇지만 이에 상관없이 자신에게 필요한 도움을 줄 수 있는 대학이 개인에게는 '좋은 대학'일 것입니다. 그럼에도 불구하고 연구와 교육 역량이 갖추어져 있고, 졸업생의 취업률이 높으며, 사회적으로 그 장점이 널리 알려져 있는 대학을 사람들이 크게 선호하는 것은 사실이며, 이를 흔히 '좋은 대학'이라 이야기하기도 합니다.

　그러면 특별한 선택의 기준이 자신에게 주어져 있지 않을 때에, 흔히 입에 오르내리는 '좋은 대학'에 꼭 가야 하는 걸까요?

　일반적으로 말해 같은 조건이면 되도록 '좋은 대학'에 입학하는 것이 좋겠지요. 더 나은 교육을 받을 가능성이 크기 때문이기도 하지만, 같이 노력하는 친구들이 많이 있어 서로 북돋아 줄 수 있기 때문입니다. 뿐만 아니라 학교의 명성과 졸업 후 동문 관계는 인생의 항로에서 지대한 영향을 미치기도 하니까요. 비록 불공정한 것일지도 모르지만, 하버드나 서울대학교 등 몇몇 대학의 졸업장은 다른 대학의 졸업장보다 선택의 기회를 넓혀 줄지도 모릅니다.

　어떤 사람들은, 이름 있는 대학을 졸업했다는 것은 일종의 딱지(label)나 신호등의 역할을 한다고 말합니다. 즉 누가 어떤 역량을 얼마나 지니고 있는지 잘 알지 못하는 상황에서 널리 알려진 대학의 졸업장은 현실적으로 횡단보도를 건널 수 있는지를 판단하는 잣대가 되기도 하고, 어떤 능력의 소유자일 가능성이 있다는 표지가 되기도 한다는 것입니다. 되도록 이름 있는 대학에 진학하면 자신의 능력을 다른 사람이 쉽게 믿어 준다는 말과도 통합니다. 또한 불공평할 수도 있지만, 남보다 쉽게 어떤 일을 맡을 가능성도 높다 할 것입니다.

그러나 속빈 강정은 그리 오래가지 못하고 금세 들통이 나게 마련입니다. 시간이 흐를수록 개인의 능력이 제대로 드러날 것이며, 학력보다는 그 사람의 인품과 성격이 더욱 중요한 역할을 하게 될 것입니다. 이 말은 어떤 대학에 진학하든지 자신의 노력이 가장 중요함을 의미합니다.

이러한 경향은 대학 진학이 당연시되어 그 졸업장이 그 어떤 보장도 할 수 없게 되면 더욱 뚜렷해질 것입니다. 사실상 '좋은 대학'의 의미는 사라지게 될 것입니다. 이미 그러한 경향이 나타나고 있습니다. 이미 많은 기업들이 대학의 명성보다는 그 사람의 기술 자격이나 실제적인 업무 능력, 인간관계를 참고하여 신입사원을 뽑고 있습니다.

또 하나는 대학 역시 자체적으로 다양해지고 있다는 점입니다. 사회의 모든 부분이 지구촌 전체와 맞물리면서 어느 하나의 대학이 모든 일을 할 수 있는 시대는 지난 거지요. 어쩔 수 없이 서로 조금씩 다른 형태로 발전하면서 경쟁할 수밖에 없는 시대를 맞고 있는 것입니다. 우리나라에도 공학과 관련지어 보면 과거와는 달리 서울대학교, 카이스트, 포항공대, 한양대학교 등 여러 공과대학이 우열을 가리기 힘들 정도로 제 역할을 하고 있습니다. 이제 곧 대학의 서열이 크게 의미가 없는 시대로 진입할 것입니다. 취업의 측면에서 보면 많은 대학들이 서울대학교의 취업률을 상회하고 있음은 주목할 만합니다.

그리고 노동시장에서 직원을 채용하는 방식 역시 일반적인 능력보다는 전문적이고 특수한 능력과 경험 및 업무에 직접 연결될 수 있는 능력을 중시하는 방향으로 변화할 것입니다. 이는 국제 경쟁을 이겨내야 하는 기업으로서는 일면 당연한 것이며, 이미 많은 기업들이 이러한 방향으로 채용 방식을 전환하고 있습니다.

'좋은 대학에 가야 좋은 교수진이 포진해 있을 것이다'라는 생각은 더 이상 신빙성이 없습니다. 과거 해방을 전후한 시기에는 우리 사회에 박사 학위자의 수가 많지 않아 모든 대학이 걸맞은 역량을 갖출 수 없었습니다. 그런데 그동안의 성장으로 이제는 어느 대학을 보더라도 많은 교수들이 학위를 갖추었으며, 뿐만 아니라 세계 유수의 대학을 졸업한 교수진도 매우 많습니다. 적어도 학부의 학생을 교육할 충분한 능력과 자격을 갖추고 있는 것입니다. 문제는 학생의 노력이지 더 이상 대학의 여건이 아닌 것입니다.

중요한 것은
자신을 계발하는 것이다

　　지금까지의 이야기를 종합하면 '좋은 대학'에 진학하는 것보다 더욱 중요한 것은 자신을 가다듬고 계발하는 일입니다. 이미 대학의 졸업장이 보편화되어 그 의미를 찾을 수 없는 상황으로 변화했고, 기업 역시 업무를 위한 직접적인 능력이 무엇보다 필요하게 되었음을 상기하면 이는 당연한 논리적 귀결이라 하겠습니다.

　　어느 대학 졸업자의 이야기입니다. 그는 흔히 말하는 일류대학의 졸업자는 아니었습니다. 그런 그가 요즘같이 취업이 힘든 시기에 22개 기업의 취직시험에 모두 합격했습니다. 어떻게 준비했는지에 대한 인터뷰에서, 그의 대답은 성적이나 대학의 명성이 아니었습니다. 그는 꾸준하고 다양한 사회활동(봉사활동, 각종 사회경험 등)을 해 왔고,

뛰어난 성적보다는 원만한 인간관계와 많은 종류의 책읽기를 통해 자신을 만들어 갔다고 이야기했지요. 물론 대학의 명성이나 학점이 필요할 수도 있지만, 그것만으로 자신의 인생과 성공을 결정짓는다고 생각하는 것은 큰 잘못이라는 아주 평범한 진리를 말해 주었습니다.

그렇다면 자신을 계발한다는 것은 구체적으로 무엇을 의미하는 걸까요?

하나는 자신의 능력을 성장시켜 나가는 일입니다. 국제적 개방과 더불어 지식정보 사회의 한가운데에 서 있는 오늘날, 컴퓨터를 비롯한 정보통신을 자유롭게 활용할 수 있는 기능과 외국어 능력은 어떠한 일에서든 중시될 수밖에 없습니다. 컴퓨터를 쉽게 다룰 수 있고 외국인과 원활하게 의견을 나눌 수 있다면, 일단 자신의 일을 잘할 수 있는 수단을 마련한 셈입니다.

다른 한편으로는 자신만의 독보적 영역을 개척해야 합니다. 이는 스스로 관심 있고 잘할 수 있는 영역을 찾아 꾸준히 그 기능을 연마하는 일입니다. 어떤 분야든 자신이 최고일 수 있는 기능을 지닌다는 것은 사회에 기여할 수 있는 매우 중요한 도구가 될 것입니다. 옻나무에 칠하는 기술을 공예에 활용한 전용복 씨는 재일 한국인으로서 일본에서 칠공예로 크게 성공했습니다. 그는 좋은 대학을 나온 사람이 아니라 자신의 기예를 계발한 사람입니다.

이와 더불어 다른 사람들과 네트워크를 형성하고 때로는 협력하며 소통할 수 있는 능력은 복잡한 사회에서 자신의 재능을 발휘하는 데 매우 중요한 요소입니다. 이를 위해 사람들에게서 신뢰받을 수 있도록 행동해야 할 것이며, 상대와 좋은 관계를 유지할 수 있는 능력을 키워야 합니다. 이러한 능력은 정직하고 성실하며 약속을 지키려 노력하는 일이나, 스스로를 절제하고 삼가며, 다른 사람을 이해하고 배려하려는 자세와도 관련되어 있습니다.

또 하나 중요한 것은 자신의 분야와 관련하여 경험을 쌓고 건강을 유지하는 일입니다. 경험은 앞으로 무엇이 더 필요한가를 알게 할 것이며, 건강은 자신의 꾸준한 노력을 가능하게 하는 바탕이 될 것입니다. 사회가 복잡해지고 불확실하게 변화할수록 자신의 일을 성공적으로 수행하기 위해서는 더욱 노력해야 하며, 동시에 일에 더욱 집중해야 할 것입니다. 이러한 모든 것은 건강이 토대가 되지 않고서는 불가능합니다.

물론 이러한 과정에서 어떤 일이든 항상 지구촌 전체의 관점과 시각을 염두에 두고 접근하는 자세가 필요합니다. 오늘날 대부분의 의미 있는 일들은 국제사회와 연결되어 진행되고 있으며, 때로는 나라의 경계를 넘어 서로 도와야 하며, 때로는 서로 경쟁해야 함은 불가피해 보이기 때문입니다. 이러한 시각을 지니게 되면 자신이 하고자 하는 바를 한 차원 높일 수 있을 것이며, 일과 직업의 기반을 더욱 튼튼히 할 수 있겠지요.

능력 없는 자녀의 조기유학은 바람직하지 않습니다. 장래의 도약을 위한 수단으로 조기유학을 택한다 하더라도 자녀의 능력과 결의를 확인해야 하며 영어를 배우는 수단이라 생각해서는 곤란합니다. 또한 조기유학을 결심하는 부모는 자녀가 돌아온 후 일어날 수 있는 새로운 가족관계의 변화도 생각해야 합니다. 자녀의 성공도 중요하지만 부모의 행복이 자녀에게 더욱 중요한 것을 가르칠 수 있습니다.

1-2

따지고 또 따져도
모자란 조기유학

- 왜 조기유학을 하게 되는가?
- 지피지기면 백전백승

왜 조기유학을
하게 되는가?

최근의 한 통계(한국교육개발원 교육통계, 2007)에 의하면, 연간 약 2만 9천 명의 학생들이 유학을 위해 출국했다고 합니다. 미국, 캐나다, 호주, 영국, 뉴질랜드, 중국, 러시아 등이 그 주요 대상 국가입니다. 이 중에는 초등학생이 약 13,800명, 중학생이 9,200여 명, 고등학생이 6,450명 정도이며, 어림잡아 학생 만 명당 약 40명이 유학을 목적으로 출국한 것입니다. 특히 초등학교 단계에서 유학을 떠나는 비중이 초·중·고 전체 유학생의 절반에 가까운 47% 수준임은 매우 특징적입니다.

조기유학을 보내게 된 이유를 들어보면, 많은 사람들이 국내의 교육여건이 열악하다는 것과 외국에서 공부할 때의 장점을 들고 있습니다. 즉 국내에서는 입시경쟁이 워낙 치열해서 학생과 가족이 원하는 대학을 갈 수 없기 때문이기도 하고, 매달 들어가는 과외나 학원비면 외국을 보낼 수 있다고 말하기도 합니다. 또한 한국의 학교 교육과 입시제도가 싫어서 조기유학을 결심하는 경우도 있습니다. 물론 부모가 해외에서 근무해야 할 형편인 경우나, 이민의 경우도 그 이유일 것입니다. 여하튼 이러한 조기유학에는 공교육에 대한 불신이 상당히 큰 비중을 차지하고 있음은 사실입니다.

더불어 최근에는 우수한 학생들이 더 나은 교육을 받기 위해 외국으로 떠나는 경우도 크게 늘어나고 있습니다. 이들의 경우는 한국에서보다 더 좋은 교육을 받아, 국내에 돌아와 발돋움하는 발판으로 삼겠다는 생각에서 전략적으로 조기유학을 선택한다는 것입니다.

이러한 경향은 과거의 도피성 조기유학과는 크게 다른 것입니다. 과거에는 공부를 못해서 도저히 한국에서는 대학에 들어갈 수 없어서 부유한 사람들이 자녀를 해외에 내보내는 경우도 많이 있었습니다. 그런데 지금의 경향은 학생과 학부모가 향후 자녀의 진로와 취업에서 좀 더 유리한 위치를 차지하기 위해 영어권 선진국으로 일찍 유학을 떠난다는 것입니다. 그곳에서 영어를 쉽게 배울 수도 있고 능력 발휘를 더욱 잘할 수 있다고 생각하기 때문이죠.

물론 영어나 외국어 능력을 중요하게 생각하는 것은 이미 우리 사회가 세계와 더불어 호흡하고 있음을 반영하는 것이기도 합니다. 사람들의 생활이 자기 지역이나 우리나라를 넘어서면서 과거와 같이 가족을 중심으로 활동하는 삶의 형태에 변화가 일어나게 되었습니다. 이런 상황에서, 자녀의 성공과 도약을 위한 수단으로 조기유학을 택한다는 것입니다. 이렇게 보면 조기유학은 일면 교육이 한 나라의 테두리에서만 이루어지던 상황을 벗어난, 국가를 초월한 현상으로도 이해될 수 있습니다. 이러한 점은 정보사회인 오늘날 지식이 지역과 국가의 경계를 자유롭게 넘나드는 것과도 서로 통하는 것입니다.

이러한 불가피함과 여러 가지 필요성에도 불구하고 조기유학이 우리의 삶에 큰 불편을 끼친다는 점 역시 사실입니다. 이미 말한 바와 같이 국가적으로는 의무교육 기간에 아이들이 외국에서 공부하기 때문에 한국 사회에 필요한 국민적 자질을 제대로 심어줄 수 없습니다. 이는 국민 정체성의 형성을 어렵게 하는 것입니다. 개인적으로도 여러 가지 고통을 몰고 옵니다. 흔히 '기러기 아빠'로 대변되는 가족 해체 현상뿐만 아니라 과중한 유학 경비 부담은 가정에 커다란 압박이 되고 있습니다. 또한 학생 자신 역시 제대로 적응하지 못하는 경우에는 정체성의 혼란에 시달리며, 때로는 사춘기 갈등을 겪기도 하고, 심지어는 마약이나 도박, 문란한 성문화에 빠져들 수도 있습니다. 이들이 돌아온다 하더라도 그동안의 단절 때문에 친구가 없고 한국 사회에 제대로 적응하지 못하는 부적응의 문제가 발생할 수 있습니다.

지피지기면 백전백승

앞에서 언급한 것처럼 오늘날 조기유학은 자녀의 성공을 위한 전략적 선택이란 측면을 지니고 있는 만큼, 가야 한다거나 말아야 한다는 분명한 원칙이 있는 것은 아닙니다. 오히려 개인적 선택과 생각의 차이가 중요하겠지요. 필자는 개인적으로 한국에서 활동하고 생활하려는 사람들에게는 조기유학을 권유하지 않습니다. 필요하다 하더라도 대학과 대학원에서, 또는 학교를 졸업하고서도 외국 경험 기회는 충분히 가질 수 있습니다.

실제로 어린 나이에 해외에서 공부하고 있는 우리 학생들을 만나보면, 정말 많은 친구들이 다양한 어려움을 호소하고 있습니다. 가정이라는 보호막을 벗어나 모든 일을 아이 자신의 순간적 판단으로 해결해야 하는 조기 유학생들에게는 많은 문제가 일어날 수 있습니다. 어떤 경우는 정상에서 벗어나 문란한 이성관계로 문제가 되기도 하고, 또 다른 경우에는 어처구니없는 대우를 받기도 합니다. 이러는 사이에 아이들은 돈으로 모든 문제를 쉽게 해결하려 하거나, 보이지 않는 부모들에게 거짓말도 쉽게 하게 되고, 생활의 질서도 잃어버리게 됩니다.

몇 가지 사례를 들어 볼까요?

외국에 잠시 체류했을 때 이야기입니다. 우연히 한국인들이 모여 사는 쇼핑센터에서 한국의 부모와 전화를 하고 있는 남녀 학생들의 대화를 듣게 되었습니다. 남학생이 하는 말을 들어보니, 학교에서 운동을 하다가 다쳐서 지금 바로 돈이 필요하니 보내 달라는 얘기였습니다. 그러나 전화를 끊고 옆에 있던 여학생에게 하는 말은 얼른 병원 알아보고, 수술(낙태)하러 가자는 내용이었습니다. 물론 소수이긴 하지만 실제로 이러한 순간적 실수를 아무런 죄책감도 없이 쉽게 해결해 버리는 아이들의 생활을 보며 걱정과 문제의식을 가질 수밖에 없었습니다.

다른 경우지만 초등학교 6학년 여학생이 혼자 유학을 와서 가디언의 집에서 살고 있었는데, 여러 가족들이 야외 바비큐 파티를 하러 공원으로 나갔습니다. 이 여학생이 잠시 시야에서 벗어난 곳에서 다른 아이들과 뛰어놀다가 조금 늦게 되었는데, 그 가디언 아주머니에게 따귀를 맞는 등 부당한 대우를 받는 경우도 있었답니다.

또 외로움이나 정서적 불안, 학습부진 같은 문제도 있지요. 한국에서 사교육을 피해 조기유학을 왔다는 한 중학생의 생활 모습입니다. 외국에서도 공부를 따라가기가 힘이 들어 과목별로 과외를 하고, 방학만 되면 단과별 학원수업을 받으러 수십 분의 거리를 달려가기도 하며 힘든 날들을 외롭게 보내고 있었습니다. 이런 경우는 친구를 사귀는 데도 많은 어려움을 가지게 되고 자신의 생활에 불만을 느낄 수밖에 없게 되는 것입니다.

마지막으로 외국 생활에서 돌아와 부딪치는 웃지 못할 이야기도 있습니다. 어떤 아이의 경우 1년 반의 외국 체류를 마치고 고1로 편입했습니다. 그런데 국어의 어휘력에 바로 구멍이 뚫리더군요. 영어에서 'This year~'라는 부분을 '이번 년'이라 번역하여 한바탕 웃음거리가 된 에피소드를 만들었지요. 물론 시간이 지나면서 나아지긴 했지만, 남들 따라 유학을 다녀온 경우 대부분 안고 가는 문제라고나 할까요.

그럼에도 불구하고 조기유학을 결심하고 있다면, 다음 몇 가지 사항에 대해 깊이 생각해 볼 필요가 있습니다. 이는 자녀 자신과 부모가 꼭 생각해 봐야 할 사항들입니다.

첫째, 자녀의 능력과 상태를 분명하게 파악해야 합니다. 실제로 한국에서 경쟁하면서 이겨낼 능력이 없는 학생은 조기유학을 가도 실패하는 경우가 많았습니다. 사실 외국의 학교에서 공부한다는 것은 쉬운 일이 아닙니다. 많은 유학생들이 언어 문제, 친구 사귀기의 어려움, 토론과 글쓰기의 어려움, 숙제하기의 어려움을 지적했습니다. 뿐만 아니라 영어 발음을 익힌다 하더라도 이미 상당한 차이가 나 있는 독서 능력이나 문장 구사력을 쉽게 따라갈 수는 없을 것입니다.

주변의 환경 때문에 어려움을 겪을 수도 있습니다. 유학하는 학교에서 또래 집단으로부터 따돌림을 당할 수도 있습니다. 더하여 외국 학교에서는 마약, 총기 난사, 인종 갈등 등 여러 심각한 문제가 일어나는 경우가 있음은 이미 잘 알려진 사실입니다. 또한 가족과 떨어져 생활하는 아이들로서는 부모와 함께 생활하는 한국의 가족생활을 익힐 기회도 없을 것입니다. 이러한 점은 아이들의 정서안정에 좋지 않은 영향을 끼칠 수도 있습니다.

이러한 상황에서 과연 자녀가 예상치 않았던 어려움을 극복할 능력이 있는가를 냉정히 따져야 합니다. 지적 능력 면에서도 그러하고 동시에 인내와 성실함의 측면에서도 꼼꼼히 따져야 합니다. 또한 자녀의 분명한 의사와 의지를 확인해야 합니다. 예상되는 여러 어려움을 이야기해 주고 그러함에도 유학할 생각이 있고 이겨낼 자신이 있다고 자녀 스스로 결단을 내릴 경우에, 비로소 부모의 입장에서 결심할 수 있을 것입니다. 사실 한 번 지나간 길을 다시 되돌릴 수는 없습니다. 깊이 생각하고 따져서 후회 없는 결정이 되도록 해야 할 것입니다.

둘째, 자녀의 조기유학을 생각하는 부모는, 자녀가 돌아온 후 일어날지 모르는 새로운 가족관계의 모습도 생각해야 합니다. 한국의 가정에서 자녀가 성장하여 가족의 일원으로 맺게 되는 부모와 자녀의 관계는 매우 정(情)적이며, 말하지 않더라도 서로의 상황을 이해하는 측면이 있습니다. 그런데 어린 시절 유학하면서 부모를 대하는 기회가 줄어들고 친밀감이 형성되는 기간을 놓치게 되면, 나중에는 부모가 생각하는 가족의 모습이 이루어지지 않을 수도 있습니다. 따라서 단순히 자녀의 장래와 능력 신장을 위해 내보낸다고 생각하기보다는, 조기유학이 가족관계와 가족생활이 새롭게 구성되는 계기가 될 수 있음도 결코 간과하지 말아야 합니다.

따지고 보면 안전하게 한국인의 일원으로 자녀를 키우면서, 조금 손해 보는 듯해도 화목하게 가족관계를 유지하면서 삶을 살아가는 것도 부모와 자녀 모두에게 매우 좋은 일일 것입니다. **'분수를 지키며 자신의 위치와 입지에 바탕을 두고 생각하고 행동한 연후에, 하늘의 명을 기다리라'**[3]는 옛 선현의 가르침은 한 번쯤 깊이 되새길 필요가 있습니다.

셋째, 조기유학을 영어를 배우는 수단이라 생각하지는 갈아야 합니다. 영어 학습은 구태여 외국에 나가지 않아도 국내에서 가능합니다. 외국어 습득은 학생 자신의 노력 문제이지 반드시 외국에 나가야 가능한 것은 아닙니다. 오히려 외국에서 일상생활 영어를 주로 익혀 한국에 있는 동년배보다 독해력이 떨어지는 경우도 많으며, 한국에서 실시하는 영어 시험에서 성적이 더 나쁠 수도 있습니다.

사실은, 영어나 외국어 구사 능력은 조기유학을 떠나기 전에 미리 실력을 닦아 두어야 합니다. 언어 구사 능력은 수업에 참여하고 과제를 해결하기 위한 필수조건이기 때문입니다.

넷째, 확고한 근거지 없이 그저 단순한 기대만으로 조기유학을 결정하는 것은 어리석은 일입니다. 아동기의 인격 형성을 하는 데에는, 부모의 도움과 정서적 안정이 매우 중요합니다. 이러한 시기에 돌봐주는 사람도 없이 혼자 지내게 되는 것은 정서불안, 탈선, 학습부진의 주요 원인이 됩니다. 따라서 아무리 자녀의 의사가 분명하고 부모가 보내고 싶더라도 부모 중 한 사람이 같이 가든가, 아주 확실하게 돌볼 사람이 있는 경우가 아니라면 심사숙고해 봐야 합니다. 사실 학교에서 내주는 숙제를 해결하는 과정에서도 도서관을 같이 찾고 현장을 답사해야 하는 등 부모의 도움은 절대적입니다. 분명한 근거지가 마련되지 않으면 조기유학은 포기하는 것이 좋습니다. 약간의 국제적 능력 향상에 대한 이점만 기대한 채, 자녀의 인격 성장을 크게 저해할 가능성을 열어 둘 이유는 없는 것입니다.

다섯째, 언제 유학을 보낼 것인가도 중요한 문제입니다. 유학 시기는 자녀의 귀국과 체류를 결정하는 것에도 관련이 있습니다. 만약 고등학생인 자녀를 유학 보내게 되면, 대학을 어디에서 다닐 것인가를 심각하게 고민해야 합니다. 외국과 우리나라의 교육과정은 커다란 차이가 있습니다. 배우는 내용의 범위에서도 그러하고 깊이에서도 마찬가지입니다. 특히 수학이나 과학은 우리 교육과정이 외국의 경우보다 상당히 깊이 있는 학문적 내용으로 이루어져 있습니다. 대부분의 조기 유학생들이 국내에 돌아와서 수학·과학에서 제대로 우수한 성적을 내지 못하는 것은, 이러한 차이를 극복하지 못하기 때문이기도 합니다. 국어 역시 비슷한 문제를 지니고 있습니다. 따라서 고등학교 시절 유학에서 돌아와 한국의 대학을 가기는 쉽지 않습니다. 이 점은 한국에서 대학을 보내고자 하는 경우에 반드시 고려해야 할 사항입니다.

그런데 초등학교나 중학교 저학년에서 조기유학을 보낼 경우에는 선택의 폭이 좀 더 넓어집니다. 귀국해서도 우리 교육에 적응할 기간이 비교적 길고 조기유학으로 얻은 이점도 이용할 수 있기 때문입니다. 그런데 많은 경우에, 이 시기에 조기유학을 다녀온 학생들은 다시 유학을 떠나고 싶어 합니다. 그곳의 덜 경쟁적인 학교 분위기, 친절하고 도움을 주려는 교사의 이미지, 학원을 다니지 않아도 학교 수업과 숙제를 통해 실력을 키울 수 있다는 생각, 공부 이외의 다양한 체험 등을 소중하게 생각하기 때문입니다. 이 경우 부모는 자녀의 성취 정도와 성장 가능성을 냉정하게 따져보고, 부모의 지원 능력도 철저히 생각해 본 후 결정을 내려야 할 것입니다. 때로는 전문가의 도움이 필요할 수 있습니다. 단순히 자녀의 희망을 충족시키기 위해 부모의 출혈을 각오하는 것은 어리석은 일일 것입니다.

스스로 공부할 능력이 갖추어지기 전까지는 학원을 비롯한 다른 사교육을 삼가는 것이 좋습니다. 또한, 많은 경우 학교의 교사가 학원의 강사나 다른 과외 담당자보다 더욱 우수하다는 것입니다. 사교육은 학생의 학습 자질(유형)에 대한 면밀한 판단이 있은 후에 적절한 곳을 골라야 합니다. 그렇지 않으면 효과 없이 시간만 허비하게 되거나, 오히려 학습능력 신장에 장애가 될 수 있습니다.

1-3

사교육 전쟁에서 승리하는 법

- 대한민국 엄마들은 왜 사교육에 열광하는가?
- 사교육에도 적성이 있다

대한민국 엄마들은
왜 사교육에 열광하는가?

한국교육개발원의 2006년 사교육비 실태조사에 따르면, 초·중·고교생의 절반 이상이 '혼자서 도저히 공부할 수 없다(8%)'거나 '혼자 공부하기에는 불안하다(45.6%)'고 답했습니다. 학부모들도 '자녀가 학원에 가 있거나 과외를 받아야 마음이 편하다'는 응답(초 42%, 중 37%, 고 33%)이 '그렇지 않다'는 응답(초 21%, 중 22%, 고 23%)보다 1.5~2배가량 높게 나타났습니다. 이러한 조사는 사교육이 얼마나 만연하고 있는가를 잘 보여 줍니다. 그 규모에서도 최근 사교육비는 15조를 넘어서는 것으로 조사되고 있습니다.

학원 수강은 이러한 사교육 가운데에서 가장 많은 학생들이 이용하는 방식입니다. 우리나라 학생(초·중·고등)의 70% 이상이 학원에 다니고 있는 것으로 조사되고 있으며, 학부모 전체 가구가 평균 월 23만 원 이상을 학원비로 지출하고 있는 것으로 나타나고 있습니다. 물론 이 경우에도 초등학생들의 학원 수강 비율이 중·고등학생보다 높으며, 상류 계층으로 갈수록 더욱 많은 학원비를 지출하는 것으로 추정되고 있습니다.

최근의 한 통계에 따르면 전국에 6만여 개 이상의 학원이 있습니다. 이를 수강 내용에서 보면 학교 교육의 보충이나 선행학습 및 입시와 관련된 학원이 대략 그 절반을 넘습니다(물론 예술과 체육은 개인의 기량 향상을 위한 경우도 많지만). 이수자 수 역시 전체 학원 이수자의 60% 이상이 수업 보충 및 입시와 관련되어 있는 것으로 나타났습니다. 엄밀히 말해 특별히 보충해 주어야 할 학습 내용이 아니면, 대부분의 경우 학원과 과외는 학교에서 배운 것을 단순 되풀이하거나 미리 예습시키는 기능을 수행하고 있는 것입니다. 이는 사고력을 키우는 교육과는 거리가 있습니다. 어찌 보면 사회 전체적으로 커다란 비효율적인 교육 체제를 운영하고 있는 것입니다. 혹자는 오늘의 우리 교육이 우수 학생이면 학생일수록 엄청난 돈을 쏟아 부으면서 '실수하지 않기 경쟁'을 하고 있다그 안타까워하기도 합니다.

그러면 학부모와 학생들은 왜 학원과 같은 사교육에 지나치게 의존하게 되는 걸까요?

물론 사교육을 학생의 장래를 발전시키는 촉매로 생각하고 학원에 보내는 경우가 많지만, 좀 더 구체적으로 몇 가지 설명이 더 있을 수 있습니다. 우선, 학부모와 학생은 과외를 통해 성적이 향상될 것이라 생각하고, 그 결과로 이름 있는 대학에 진학할 수 있다고 기대하는 것입니다. 그렇게 되면, 명문대를 선호하는 학벌 사회에서 자녀의 취업과 장래에 유리하다고 생각하는 것이지요.

또한 학생과 학부모의 불신과 불안심리, 그리고 학부모의 면책심리가 결합되어 사교육 게임이 발생한다는 것입니다. 예컨대 학생들 모두가 학교를 신뢰하고 학원에 보내지 않으면 서로 편안할 수 있을 것입니다. 그런데 내가 하지 않는 사이에 남들은 사교육을 이용하여 자녀를 더 유리하게 공부시킬 것이란 생각이 들면, **서로 믿지 못해**[4] 사교육에 집중하게 된다는 것이지요. 또한 부모가 자녀교육에 최선을 다 했음을 보여 주기 위해서 사교육을 더욱더 이용한다고 설명하는 사람들도 있습니다. 이러한 불신과 면책심리가 사교육을 부추긴다는 것이지요.

이러한 설명과 더불어 입시제도 자체가 학원을 이용하지 않을 수 없게 만든다든가, 학교가 제대로 학생을 교육시키지 못한 결과로 어쩔 수 없다든가, 자녀에 대한 지나친 애착과 교육열 때문이라는 설명도 가능할 것입니다. 이러한 설명은 교육제도나 교육환경의 잘못된 부분을 지적하는 것이지요.

사교육에도 적성이 있다

그렇다면 우리는 자녀들을 학원에 꼭 보내야 할까요? 이 질문에 대한 한 가지 답은 없습니다. 보내야 한다거나 보내지 말아야 한다고 일률적으로 말할 수는 없습니다. 일반적으로 말해 학교 공부로 만족할 수 있으면 그것이 최상일 것입니다. 그렇지만 교육은 자유나 평등과 같이 인간에게 소중한 자산이자 권리여서 누구도 필요한 교육을 받으려는 것을 막을 수는 없습니다. 마찬가지로 학원이나 과외도 자녀에게 정말 필요한 경우는 이를 할 수 있게 해야 합니다. 물론 이러한 경우에도 정말 자녀를 위한다면 무조건적인 학원 수강이나 과외는 피해야 하며, 보내는 시기와 유형의 선택에도 세심한 주의가 필요합니다.

우선, 한 가지 유의해야 할 점은 스스로 공부를 계획하고 자율적으로 공부할 능력이 갖추어지기 전까지는 학원을 비롯한 다른 사교육을 삼가는 것이 좋다는 겁니다. 물론 예술이나 체육처럼 특별한 기능을 기르기 위해 조기에 교육해야 하는 경우는 예외이겠지요. 그렇지 않은 경우 공부를 자율적으로 할 수 있는 능력이 갖추어지기 전에 학원이나 과외에 의존하게 되면, 스스로 계획하고 공부하여 자기의 미래를 개척하는 능력을 상실하게 될 우려가 있습니다. 사실 자율적인 학습능력을 상실하게 되면 학습의 모든 것을 잃을 수 있습니다.

두 번째 유의할 점은 언급한 바와 비슷한 맥락이지만 자녀에게 필요한 부분을 스스로 찾게 하고, 이를 바탕으로 자녀와 같이 논의하여 부족한 부분을 보완하는 수단으로 학원과 다른 사교육을 이용해야 한다는 겁니다. 이렇게 할 때에 자녀의 학습에 실제로 도움을 줄 수 있으며, 자녀가 자신의 길을 스스로 찾아가게 할 수 있겠지요. 왜 학원에 다니는지, 이를 통해 무엇을 성취할 것인지를 깨닫고 행동하는 것은 자녀로 하여금 삶에 도전하고 성취하는 기쁨을 맛보게 할 것이며, 이는 그 다음의 공부를 잘할 수 있게 하는 원동력이 될 것입니다.

또 하나 염두에 두어야 할 점은 대부분의 경우 학교의 교사가 학원의 강사나 다른 과외 담당자보다 더욱 우수하다는 것입니다. 실제로 교사가 되려면 교원임용고시를 치러야 하고, 이 시험은 치열한 경쟁을 거치기 때문에 통과하기 매우 힘듭니다. 사범대학이나 교직과정을 마친 많은 대학 졸업생들이 교과 관련 전공과 교수 학습활동,

수업 시연(試演) 등 다양한 영역의 임용시험을 통과한 후에 교사가 됩니다. 그리고 교사의 자격이 없거나 교원임용고시에 실패한 사람들이 학원이나 다른 사교육 기관에서 일하는 것이 현실입니다. 이러한 상황을 염두에 두면, 대부분의 경우 학원과 다른 사교육이 학교를 대신할 만한 기관이 아니라는 점이 명확해질 것입니다.

또한 필요한 경우 학원이나 과외 등 다른 사교육 기관을 통해 보충이나 선수학습을 하게 한다 하더라도, 이는 학생의 자질에 대한 면밀한 판단이 있은 후에 적절한 곳을 골라야 합니다. 그렇지 않으면 효과 없이 시간만 허비하게 되거나, 오히려 학습능력 신장에 장애가 될 수 있습니다.

현재 우리나라에서 학교를 벗어나 이루어지는 사교육은 주로 학원이나 개인과외 및 EBS 교육방송 등과 같은 매체를 이용하거나, 원격으로 이루어지는 사이버 교육이 주된 형태입니다. 여기서 일반적으로 EBS 수능 방송은 공적인 성격을 띠고 있어서 비교적 그 내용이 엄선되어 있다는 장점이 있으나, 시간 조정이 어렵고 지루하며, 학생의 수준에 맞게 조절될 수 없다는 단점이 있습니다. 학원은 대체로 사적인 영리 기관이어서 과대 포장되고 선전되기는 하나, 실제로 내용의 충실성이나 정확성을 보장하기는 어렵습니다. 학원에서 이루어지는 교육 내용의 질을 보장하는 장치도 없습니다. 또한 무수히 많은 학원이 있어 제대로 자격을 갖추고 운영하는 학원을 찾기도 쉽지 않습니다. 이에 대해 개인과외는 학생의 계획에 따라 적절한 강사를 스스로 선택할 수 있는 장점이 있으나, 만족할 만한 강사를 찾기란 쉽지 않으며 그 비용 또한 매우 비싼 편입니다.

결국 이러한 가운데에서 가장 적절한 곳을 학생의 자질이나 부모의 경제적 능력을 고려하여 선택할 수밖에 없습니다. 자식의 교육을 위한 부모의 마음은 충분히 이해한다는 전제 아래, 여기서는 자녀의 자질과 사교육 선택에 대해서만 논의하기로 합니다.

연구자들에 따르면 학생에 따라서 여러 가지 학습의 자질이 있을 수 있습니다. 먼저, 학습의 한 측면에서 학생의 자질은 '사실을 보고 들은 대로 이해하는 것(사실 관찰)'과 '이를 어떤 생각을 바탕으로 변형시키는 것(사실 가공)'을 기준으로 분류될 수 있습니다. 다른 측면에서는 '사물의 뚜렷한 실체를 파악하고 그 실제의 형체와 내용을 경험하는 것(구체적 사고)'과 '이러한 구체적인 내용으로부터 어떤 성질·관계·상태 등을 추출하여 표현하는 것(추상적 사고)'을 기준으로 분류할 수도 있습니다. 즉, '사실 관찰과 사실 가공' 및 '구체적 사고와 추상적 사고'의 두 축을 중심으로 학습의 유형을 나눌 수 있을 것입니다.

다음은 이러한 생각을 바탕으로 가로로는 '사실 관찰과 사실 가공'을 중심으로 분류하고 세로로는 '구체적 사고와 추상적 사고'를 기준으로 분류하여 네 개의 범주를 만들 수 있습니다. 즉, 이러한 분류 방식에 따르면, 아동의 자질에 따라 네 가지 학습유형을 생각할 수 있습니다.

다음의 표는 이러한 분류를 표현하고 있습니다.

	사실 관찰	사실 가공
구체적 사고	**A유형** 구체적인 경험을 좋아하고 현상이나 사물을 관찰하여 있는 그대로 받아들이는 것을 좋아하는 형입니다. 이러한 타입의 학생들은 때로는 그냥 생각을 쏟아내는 활동을 좋아합니다.	**B유형** 구체적인 경험과 더불어 어떤 생각을 바탕으로 능동적으로 자료를 변형하기를 좋아하는 형입니다. 이 타입의 학생들은 때로는 어떤 일을 실험하기도 좋아합니다.
추상적 사고	**C유형** 현상이나 사물을 관찰하여 있는 그대로 받아들이기는 하지만, 이를 토대로 어떤 상징을 만들기도 하고 개념을 구성하기도 합니다. 이 타입의 학생들은 생각하기를 좋아하고 여러 사실에서 결과를 이끌어 내는 귀납적 분석과 통합적인 사고를 즐깁니다.	**D유형** 적극적으로 관찰한 바를 가공하기도 하며, 때로는 어떤 일을 실험하고 싶어 하면서도 추론하여 지식을 구성하고 이론을 만들어 내는 것을 즐기는 형입니다.

물론 필자의 가설적인 생각이긴 하지만, 이러한 학습유형 가운데에서 자녀가 어디에 속하는가를 판단해 보는 것도 사교육의 선택에 도움이 됩니다. 예를 들어, A유형과 C유형은 EBS 수능 강의나 학원

과 같이 주어진 정보나 지식을 그대로 흡수하면서 학습력을 키우는 방식이 적합하며, B유형이나 D유형은 한 반에 소수가 수업을 듣는 학원이나 개인지도가 더 적합할 것입니다. 이러한 유형에서는 개인적 사고가 발산될 경우에 즉각적인 도움이 필요할 것이기 때문입니다. 특히 D유형의 아동에게는 학원이나 개인지도의 경우에도 자주 자녀와 이야기해서 사교육으로 배우는 것이 얼마나 도움이 되는지를 파악해 보아야 할 것입니다. 때로는 별로 의미 없는 반복적인 학습이 자녀의 지적 성장을 저해할 수도 있기 때문입니다.

무절제하게 노출된 대중매체와 인터넷은 청소년들에게 스스로를 소외시켜 '죽음에 이르는 병'을 몰아오고 있습니다. 이 점을 포함하여 보고 싶은 TV 프로그램과 컴퓨터나 인터넷에 대해 왜 필요한지 무엇을 해야 하는지에 대해 자녀와 이야기를 시작하십시오. 자녀가 컴퓨터 중독인지를 진단하고 때로는 시간제한을 두고 TV나 컴퓨터를 사용하도록 하며, 가계부를 쓰듯이 '매체 일지'를 만들어 자녀의 대중매체 이용 습관을 확인하십시오. TV나 컴퓨터를 노출된 공간에 놓아두는 것도 좋은 방법입니다.

TV와 인터넷에서 벗어나 자신을 찾게 하자

- '죽음에 이르는 병'을 제공하는 TV와 인터넷
- TV와 컴퓨터로부터 자녀를 구하자

'죽음에 이르는 병'을
제공하는 TV와 인터넷

청소년들은 새로운 문화를 쉽게 받아들이고 자신들의 기호나 선택을 쉽게 행동에 옮기는 특성과 더불어 영상세대라 불리며, 가장 적극적으로 TV, 영화, 미디어, 컴퓨터 등을 가까이 함으로써 시장에서 그 힘을 인정받고 있습니다. 뉴미디어를 비롯한 많은 상품과 프로그램들이 청소년들의 입맛에 맞게 만들어지고 있습니다. 뿐만 아니라 전체 청소년 PC 보급률에 대비한 PC통신 비율 역시 다른 나라에 비해 월등히 높은 수치입니다. 이 점은 일면 새로운 세대의 특성을 보여 주는 것이기도 합니다.

문제는 성숙의 단계에 있는 우리 자녀들이 인터넷과 대중매체의 장단점을 제대로 구분하여 활용하지 못하고 절제력이 강하지 않다는

데에 있습니다. TV나 대중매체의 지나친 이용이 아이들에게 끼치는 영향에 대해서는 많은 연구들이 이루어져 왔습니다. 예를 들어, TV 폭력물을 자주 보는 아동들은 다른 사람에 대한 공격성이 증가하는 경향이 있다거나, 학생 개인의 절제 능력을 약화시킨다는 것은 널리 알려진 사실입니다. 즉 폭력물에 과도하게 노출된 학생들은 공격 성향이 높아져서 일부 소수는 TV 폭력을 그대로 다른 사람들과의 관계에서도 보여 주거나 또래의 갈등을 해결하는 수단으로 사용한다는 것입니다.

또한 대중매체가 학생들을 소비 지향적이고 향락적으로 만들고 있음도 지적될 수 있습니다. TV 광고는 대량 소비를 추구하고 학생들을 단순한 소비자로서만 취급하며, 어린 학생들 역시 이에 익숙해져서 불필요한 상품을 구입하거나, 명품에 집착하기도 합니다. 뿐만 아니라 대중매체를 통한 프로그램은 대부분 일방적이며 대규모의 소비를 전제로 하는 것이어서 창의적 능력의 함양에서는 멀리 떨어져 있습니다. 노래방에서 신나게 노래 부르는 것을 좋아한다고 해서 노래를 잘 만들 수 있는 건 아닙니다. 좋아하는 연예 스타의 활동과 외모를 모두 기억한다고 해서 그것이 학생들에게 사업 수완이나 자신을 드러내는 방식을 개발하게 하지는 못합니다.

또한 카타르시스를 통해 정신을 순화하는 것이 아니라, 우상시하는 연예인들의 단순한 사고, 사전 계획된 사건 등을 통해 그들이 느끼는 감정을 발산한다는 점 역시 중요한 문제입니다. 이러한 대중매체 중심의 문화에 젖어 있는 학생들은 감성적이고 자제력이 약하며, 때로는 감성을 발산하는 것이 이를 억제하거나 승화하는 것보다 좋은 것으로 믿고 있기도 합니다.

사실 대중매체는 사람들에게 감성적, 향락적 성향만을 강조하고 점점 더 퇴행적이고 비주체적이 되거나 비윤리적인 성향을 지니게 할 수도 있습니다. 무절제한 폭력 등 비윤리적 인물에 대한 대중매체의 미화는 이런 모습이 사회적으로 용인되는 것으로 착각하게 할 수 있습니다. 연예인이 흡연하는 모습에 매료되어 담배를 피우기도 합니다. 포르노 영상에 접하면서 왜곡된 성 지식과 과잉 호기심 때문에 잘못을 저지르기도 합니다. 또 여과 없이 방영되는 TV 프로그램, 뮤직 비디오, 음악, 전자오락, 컴퓨터 게임 등의 음반이나 프로그램은 주사를 맞는 것과 같은 일방적인 주입을 계속함으로써 우리 자녀들을 수동적이고 비주체적으로 만들기도 합니다. 오락 지향의 대중매체는 본인도 모르는 사이에 비주체적, 향락주의적 가치관을 그들에게 심어 주는 것입니다.

참으로 무절제하게 노출된 대중매체와 인터넷은 학생들에게 스스로를 소외시켜 '죽음에 이르는 병'을 몰아오고 있는 것입니다. 어쩌면 이 병은 실제의 신체 질환보다 더 무서운 것입니다. 신체에 생긴 병은 낫게 할 수도 있고 수술할 수도 있지만, 대중매체에 의해 스스로 자신을 소외시킨 병은 정신을 황폐화시키는, 치유할 수 없는 병이 될 수 있습니다. 또한 이러한 과정에서 허비된 시간은 영원히 회복될 수 없습니다.

물론 이러한 경향에 대해 대중매체가 그렇게 직접적으로 영향을 끼친다기보다 그들 역시 내부에서 어느 정도 여과하여 받아들일 수 있는 능력이 있다고 말할 수도 있습니다. 빛이 프리즘에서 굴절되듯이 대중매체의 영향 역시 학생들의 생각과 내면에서 한 번 정리된다는 것입니다. 그렇지만 이 역시 대중매체를 통한 나쁜 점들이 아무런 영향이 없다고 말하지는 못합니다. 빛은 역시 프리즘을 통해서도 투사될 수밖에 없기 때문입니다.

여기서 컴퓨터와 인터넷의 지나친 사용으로 인한 심각한 폐해는 한 번 더 지적될 필요가 있습니다. 인터넷 사용에 대한 전국적인 조사를 통해 얻은 결과를 보면, 놀랍게도 30% 가까이가 컴퓨터 및 인터넷 중독현상을 나타내고 있었습니다. 여기서 인터넷과 컴퓨터 중독은 '그 사용에 대한 금단과 내성을 지니고 있으며, 생활과 학습에 장애를 유발하는 것'으로 정의될 수 있습니다. 이들 중독자 중의 상당수는 게임과 전자오락을 위해 컴퓨터를 사용하고 있었으며, 음란물을 즐기는 청소년들 역시 상당수였습니다. 음란물을 즐기는 시간도 많아 컴퓨터 중독인 청소년의 40%가 1주일에 40시간 이상 음란물에 접속한다고 응답한 것은 예상을 뛰어넘는 일입니다.

컴퓨터 중독은 일반적으로 게임 중독, 통신 중독, 음란물 중독 등으로 나눌 수 있습니다. 여기서 게임은 폭력성에 노출될 수밖에 없고 지나친 승부욕을 가지기 쉬우며 현실과 가상을 혼동하는 경향이 나타날 수 있습니다. 또 인터넷으로 인한 중독은 사람을 소외시키고 우울증과 초조감을 불러일으켜 정서장애를 유발하며, 도벽을 생기게 하기도 하며, 학습부진의 주요한 원인이 되기도 합니다. 음란물 중독이 성에 대한 왜곡된 인식을 심어 주는 것은 이미 잘 알려진 사실입니다.

경제적 풍요와 더불어 대중매체, 즉 TV나 인터넷, 라디오 등을 통해서 많은 정보가 어린 학생들을 포함한 우리 모두에게 아무런 여과 없이 들어오는 것은 어쩔 수 없는 현실입니다. 익명성과 시간 및 장소의 무제한성 및 자기 변신의 가능성에 힘입어 인터넷은 이미 중요한 대중문화로 자리 잡게 되었습니다. 특히 입시 위주의 교육제도 속에서 건전한 놀이문화가 황폐화된 지 오래이며, 여가·문화의 시간이 극히 부족한 학생들은 새로운 미디어 문화로 인터넷을 적극적으로 소비하고 있습니다.

학습효과 증진을 기대하고 구입해 주는 컴퓨터는 게임이나 채팅용으로 가장 많이 사용되고 있다는 점은 이미 널리 알려져 있습니다. 또한 학생들의 인터넷 문화가 자료와 정보의 공유 수준을 넘어 음란, 외설, 폭력, 모방, 그 밖에 매춘 등에 아무런 거리낌 없이 연결되어 있습니다. 이러한 점들은 정신적, 육체적으로 발달하는 우리 자녀들

의 성장기에 올바른 가치관과 자기 정체성의 함양에 도움을 주어야
할 기성세대와 우리 사회가 저 역할을 하지 못하고 있음을 말해 주는
것이기도 합니다.

TV와 컴퓨터로부터
자녀를 구하자

(1) 자녀가 컴퓨터 중독인지 아닌지 진단부터 한다.

'죽음에 이르는 병'에서 자녀를 구하려면, 우선 자녀의 행동을 진단해 봐야 합니다. 인터넷이나 TV 시청이 과도하다는 느낌이 들면 참을성 있게 관찰하며 상황을 정확하게 진단해야 합니다.

참고로 다음과 같은 일들이 있게 되면 중독을 의심해 봐야 합니다.

① 시험 기간에는 물론, 거의 매일같이 인터넷에 접속한다.

② 컴퓨터 모니터 앞에서 식사를 하거나 떠날 줄 모른다.

③ 하루에도 수없이 전자우편함을 확인한다.

④ 집에 다른 식구들이 없으면 안도하면서 인터넷에 접속한다.

⑤ 다른 식구들로부터 컴퓨터에 너무 오래 앉아 있다는 소리를 듣는다.

⑥ 컴퓨터에 많은 시간을 할애한다는 점을 강하게 부인한다.

(2) 시간제한을 두고 컴퓨터를 사용하도록 한다.

비록 대중매체나 컴퓨터 중독이 아니라 하더라도 되도록 TV 시청이나 컴퓨터 사용 시간은 주중과 주말을 구분하여 시간제한을 두어야 합니다. 물론 시간제한을 정하기 전에 우선 자녀와 과도한 TV 시청과 컴퓨터 사용의 폐해에 대해 충분히 이야기를 나누고 서로 어느 정도 협의 절차를 거치는 게 좋겠지요.

예를 들어 봅시다. 아이들이 공부는 하지 않고 TV에 온 정신이 팔려 있는 모습을 보면 속이 터지지요. 우리는 거의 매일 아이들과 TV 때문에 실랑이를 하는 것 같습니다. 하지만 솔직히 우리가 보아도 프로그램이 재미있어서 시간 가는 줄 모르는 경우도 있습니다. 또한 어떤 경우에는 대중매체의 유행이 아이들 사이에서는 이야깃거리가 되기도 합니다. 이렇게 생각하면, 무작정 TV 시청이나 컴퓨터 사용을 금지할 수는 없습니다.

그래서 아이들과는 보고 싶은 TV 프로그램 시청 시간이나 인터넷 사용 시간을 분명히 정하는 것이 필수적입니다. 아이들이 TV나 인터넷과 만나는 시간을 줄이기 위해서는 우선 자녀들과 합의를 해야 합니다. 무조건 "보지 마라", "하지 마라"는 부모들의 메아리일 뿐입니다.

우선 아이들과 이야기를 시작하십시오. 앞에서 언급한 것처럼 TV

나 인터넷을 잘못 사용할 때에는 '죽음에 이르는 병'에 걸릴 수도 있다는 점도 말씀하시고, 동시에 재미있고 보고 싶은 프로그램이 무엇인지도 들으십시오. 때로는 역사 다큐멘터리와 같이 자녀와 함께 시청할 수 있는 좋은 교양 프로그램도 소개하십시오. 과거 TV에서 방영한 '대국굴기'나 '차마고도'는 매우 유익하면서도 흥미로운 교양 프로그램이었습니다. 컴퓨터나 인터넷의 사용도 마찬가지입니다. 왜 필요한지 무엇을 하는지에 대해 자녀와 이야기를 시작하십시오.

이러한 대화를 토대로 아이 자신에게 유익한 TV와 인터넷의 사용 방법이 무엇인지 스스로 제안하게 하십시오. 자녀와 이야기가 충분히 되었다면, 자녀들도 비교적 합리적인 방안을 제안할 것입니다. 이러한 제안에 부모가 바라는 바를 조금 가미하여 일단 TV 시청 및 컴퓨터 사용 시간을 합의하십시오. 물론 주말과 주중을 나누어, 주말에는 시간을 늘리고 주중에는 최소화하는 것이 좋을 것입니다.

이러한 합의는 자녀들의 TV 시청이나 인터넷 사용을 좀 더 바람직한 방향으로 유도할 수 있을 것입니다. 일정한 룰이 정해지면 시간을 갖고 이것을 개선시키는 노력이 가능해질 것이기 때문입니다. 필자가 존경하는 어떤 분은 아이와 합의하에 중학교 시기에 TV를 가정에 두지 않았다고 이야기해 주었습니다. 지금 그 아이는 국내의 어느 대학에서 연구를 즐기는 교수가 되어 있습니다.

때로는 자녀들이 TV 시청이나 인터넷 사용이 아닌 훨씬 의미 있는 다른 시간을 즐길 수 있드록 의도적으로 프로그램을 마련하십시오. 특히 주말에 자녀들이 TV나 컴퓨터 오락에 매달릴 때, 이를 대신할 수 있는 연극이나 공연을 즐긴다거나, 전시장을 찾는다거나, 가족들이 같은 책을 읽고 서로 이야기하는 시간을 갖는 것은 좋은 대안이 될 것입니다. 이는 자녀로 하여금 TV나 인터넷으로 느낄 수 없는 '고급 즐거움'에 눈뜨게 하는 좋은 방법이며, 나아가서는 자녀 스스로 생활을 돌아볼 수 있게 하는 전기를 마련해 줍니다.

다시 한 번 말하지만 막무가내로 "보지 마라", "하지 마라"고 하는 것보다는, 아이들과 대화하면서 사용 시간을 합의하고, 부모들이 먼저 TV 시청을 자제하고 아이들과 보내는 시간을 만들어 가면 좋을 것입니다. 또 꼭 보여 주고 싶은 프로그램이 있으면 함께 보며 이야기하는 것도 자녀들을 TV와 인터넷의 소용돌이에서 건져낼 수 있는 방법입니다.

(3) 자녀가 즐기는 대중매체나 컴퓨터 프로그램을 모니터한다.

대중매체의 '죽음에 이르는 병'에서 자녀를 구하기 위해 자녀가 무엇을 재미있어하고 어디에 많은 시간을 보내는지 알아야 합니다. 이를 위해서는 자녀의 TV 시청이나 인터넷 사용을 모니터해야 할 것입니다. 물론 자녀에게 미리 대중매체나 컴퓨터 사용 내용에 대해 모니터를 해야 한다는 사실을 알려야 합니다. 또한 컴퓨터 사용을 완전히 금지하는 것은 아니란 사실을 꼭 설명해 줍니다.

이러한 모니터링에는 여러 가지가 포함됩니다. 학교에서 주어지는 과제를 해결하기 위해 컴퓨터를 얼마나 사용하는지, 자녀가 좋아하는 프로그램이 무엇인지도 파악해야 하며, 그러한 프로그램 자체와 즐겨 찾는 사이트, 즐기는 게임 등에 대해서도 되도록 많은 정보를 확보해야 합니다. 그러려면 부모님 또한 컴퓨터 및 TV 관련 잡지나 신문을 통해 유용한 정보를 얻어야겠지요.

가계부를 쓰듯이 '매체 일지'를 만들어 자녀의 대중매체 활용 습관이나 사용 인터넷 사이트, 인터넷 커뮤니티, 영화, TV 프로그램 등에 대해 메모하고 일지를 남겨 두는 것도 좋은 모니터링 방법입니다. 이러한 기록은 자녀의 생활지도 및 교과 학습지도에도 여러 가지 유용한 정보를 제공해 줄 것입니다.

또 자녀가 좋아하는 프로그램과 가수, 연예인, 인터넷 프로그램 등에 대해 같이 이야기해 보는 것도 좋습니다. 그럼으로써 무엇이 자녀를 그러한 것들에 빠지게 하는지 이해하게 될 것입니다. 자녀가 즐기는 TV 프로그램, 컴퓨터 게임, 인터넷 사이트를 부모님도 같이 즐겨 보세요. 자녀와 시간을 함께 보낼 수 있다는 장점은 물론 자녀의 심리 상태를 더욱 잘 이해할 수 있게 되니 일석이조랍니다. 또한 자연, 역사, 기록영화, 인물 전기, 토론 프로그램 등 권유할 만한 프로그램이나 영화나 인터넷 사이트를 찾아 권하고 그 내용을 같이 이야기해 보는 것 역시 대중매체를 좀 더 효과적으로 활용하는 방법이 될 것입니다.

(4) TV나 컴퓨터를 노출된 공간에 둔다.

TV나 컴퓨터의 위치 문제 역시 중요합니다. 자녀가 빠져들기 쉬운 것은 되도록 노출된 공간에 두는 것이 좋습니다. 이렇게 하는 것은 자녀 스스로가 떳떳하게 대중매체와 컴퓨터를 이용할 수 있게 할 뿐만 아니라, 바람직하지 못한 프로그램이나 사이트에 접촉하는 것을 미리 예방할 수 있게 해줄 것입니다. 사실 혼자 있을 때에도 마음을 삼갈 수 있으면 그것이 제일 좋은 것입니다. 이를 통해 자녀는 스스로 마음을 바로잡는 방법을 익힐 것이기 때문입니다. 그렇지만 이는 어른도 하기 힘든 것이어서, 성숙의 과정을 밟고 있는 자녀에게는 가족 모두에게 열려 있는 노출된 공간에서 TV를 시청하고 컴퓨터를 사용하게 하는 것이 좋을 것입니다.

Towards
a Prosperou

스스로 계획하고 실천하는 창의적 자녀로 키우자

재학 시절 목표를 세우고 그 실천 계획을 마련했던 학생들은 그렇지 않은 대부분의 학생보다 졸업 후 거의 10배에 달하는 수입을 올렸다고 합니다. 또한, 유명해지는 것도 '한 시간의 목표'가 지속적으로 달성된 결과일 것입니다. 인생의 계획에서는 직업이든 취미든 최소한 한 분야에서는 일인자가 되어야 합니다. 장·단기의 계획은 이러한 모두를 가능하게 할 것입니다. 물론, 갑작스러운 발전보다는 꾸준한 성장을 이끌어낼 수 있도록 계획하는 것이 좋습니다. 꾸준히 흐르는 강물이 바위를 깎아내릴 것입니다.
"좋은 삶은 '오랜 시간의 힘'과 '꾸준한 인내'의 산물입니다."

2-1

내 아이의 성공적인 삶을 위한 첫걸음

- 건강한 씨뿌리기 '계획'
- 숲을 보는 지혜의 눈
- 꿈을 향해 나가는 출입문
- 내 아이와 만점짜리 계획 세우기

건강한 씨뿌리기
'계획'

아이들은 어렸을 때부터 "나는 커서 ○○이 될 거야"라는 이야기를 자주 하게 됩니다. 부모들도 자녀들의 장래 희망에 대해 커다란 관심을 갖게 됩니다. 그러나 인생의 목표나 직업이 단순한 사회적 요구나 돈벌이의 수단이 될 수는 없는 것이기에, 부모나 자녀는 끊임없이 이를 고민하고 수정하기도 하는 것입니다. 이렇게 계속되는 생각과 변화를 통해서 우리는 삶의 목표에 도달하기 위해 준비하고 도전을 하게 됩니다.

어느 대학의 경영대학원에서 재학생을 대상으로 목표 설정에 대한 연구가 이루어진 적이 있었습니다. 한 가지 흥미로운 사실은 '재학 시절 목표를 세우고 그 실천 계획을 마련했던 3%의 학생들은 그렇지 않은 대부분의 학생보다 졸업 후 거의 10배에 달하는 수입을 올렸다'는 것입니다.

사람들은 일반적으로 명확한 방향이 설정되지 않으면 아무 일도 하지 않으려는 경향이 있습니다. 사실 목적이 없으면 어떤 계획도 일그러질 수밖에 없습니다. 목적하는 항구의 방향을 모른다면 모든 바람이 역풍일 테니까요. 이 점에서 목표를 세우고 그 실천 계획을 짠다는 것은 우리의 삶에서 일에 대한 희망을 지니게 하고 그 목표를 향해 무엇인가를 이룩하게 합니다. 이같이 어떤 목표를 지니고 그 실천 계획을 세우게 되면, 우리는 방황하지 않고 목표를 달성하기 위해 일하게 될 것입니다.

그런데 우리가 세우는 목표는 어떠해야 할까요?

화목한 가정이나 좋은 직업(예를 들어, 회사원, 교사, 법관, 의사, 고급 공무원, 언론사 기자 등)을 갖겠다거나, 박사 학위를 취득하겠다는 게 좋은 목표일까요?

이러한 목표는 다음과 같은 이유에서 인생을 설계하는 데에 그렇게 좋은 목표는 아니라 여겨집니다. 화목한 가정이나 좋은 직업과 같은 목표는 너무 고정 불변적입니다. 우리의 삶은 역동적이고 유동적이어서 어떤 직업이나 가정생활도 새롭게 충전하지 않으면 즐거움과 의욕이 퇴색할 것이고 세월이 흐르면 타성에 젖게 될 것입니다. 또한 박사 학위를 취득하는 것은 한 번 성취하고 더 이상 추구할 가치가 없는 것이어서 그 역시 인생의 목표로는 유용하지 않습니다.

이런 점에서 인생의 목표는 최종 생산물이 아니라 미래를 향해 나가도록 도와주는 것이어야 합니다. 그렇게 생각하면 교사가 되겠다는 목표보다는 사람들을 교육시켜 세상의 정의와 진리를 세우겠다고 생각하는 것이 더 나을 수 있으며, 어떤 분야에서 박사 학위를 취득하겠다는 목표보다는 그 분야를 깊이 연구해서 새로운 사실을 찾고 새로운 이론을 만들어 사람들의 행복 증진에 기여해 보겠다고 생각하는 것이 더 나을지 모릅니다.

숲을 보는 지혜의 눈

우리는 흔히 '그 어딘가(좋은 직업 등)'가 실제로 있는 것으로 착각하지만, 사실은 오직 어딘가로 가는 과정이 있을 뿐입니다. 영화 속에서는 바닷가 황혼 속에서 사랑을 이룬 두 남녀가 정겹게 걸어가고, 그 장면이 희미해지면서 영화가 끝나지만, 실제의 부부는 평시와 같은 아침을 맞을 것이고 몇 만원이 넘는 호텔의 아침 식사에 당황해할 것입니다.

인생은 영화의 해피엔딩처럼 종착점에서 끝나는 것이 아니라 끝없이 길고 갈래가 많은 길과 같습니다. 조금만 가도 새로운 일거리, 새로운 취미, 새로운 사람과의 만남 등 늘 새로운 길이 우리 앞에 놓여 있습니다. 글을 쓰고 싶어 작가의 길로 접어든 사람은 가다보면 자유기고가로 남을 것인가, 아니면 교수나 교사와 같은 안정적인 직업을 지니고 글을 쓸 것인가라는 선택에 직면할 것입니다. 만약 그가 자유기고가의 길을 택했다면 그는 다음 단계에서 소설을 써서 베스트셀러를 만들 수도 있고, 아니면 독서모임과 글 읽는 NGO에 관여하여 명성을 쌓을 수도 있습니다. 그 다음으로 만약 그가 베스트셀러 소설을 써서 부를 쌓았다면 그는 다음으로 자선사업을 할 수도 있을 것이며, 또는 출판사를 차릴 수도 있습니다. 다음 표에서 보는 것처럼 작가의 꿈으로 시작한 인생은 자선사업가가 될 수도 있고 정치가가 될 수도 있으며 평론가가 될 수도 있습니다.

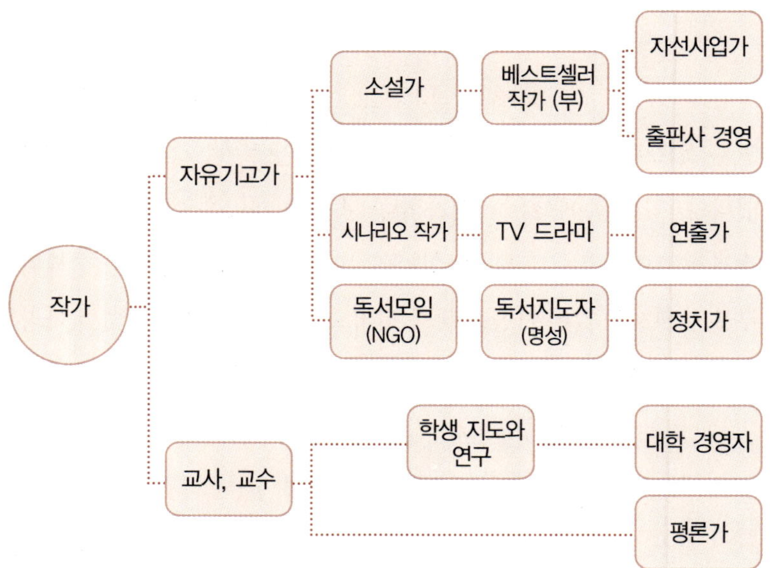

꿈을 향해 나가는 출입문

살아가면서 어떤 길의 입구에 다다랐을 때 우리에게는 두 가지 선택이 가능합니다. 하나는 문을 열고 그 길로 가는 것이고, 또 하나는 다른 길을 선택하는 것입니다. 그런데 그 길로 가고자 할 때에도 그냥 갈 수 있는 것은 아닙니다. 어떤 경우에는 그 길로 향하는 문이 있어 자격을 갖춘 사람에게만 열리기도 하며, 또한 문이 열려 있다 하더라도 과연 저 문으로 들어갈 것인가 하는 문제가 남습니다.

많은 경우에 인생의 진로에는 출입문이 있어 적절한 자격이 있는 사람에게만 그 문이 열립니다. 이러한 자격은 자질과 자산을 말합니다. 고급공무원이 되고자 하면 공무원 시험에 합격해야 하고 이를 위해서는 성적이 우수해야 합니다. 만약 해외에 살면서 자유롭게 활동하고 싶으면, 유창한 외국어를 구사하고 과학자가 되어 외국의 대학이나 연구소에서 일해야 할 것이며, 이를 위해 외국어 능력을 키우고 우수한 연구 논문을 쓸 수 있어야 할 것입니다. 또한 패션모델로 활동하고 싶다면 걸음걸이를 익히고 감각을 개발해야 하며, 키나 다른 외모도 중요하겠지요. 이같이 교육 수준, 경험, 기술력, 때로는 가족의 능력, 외모 등도 중요한 자질과 자산이 됩니다.

이러한 자질과 자산을 갖추고서 원하는 인생의 길을 열 수 있는 자격을 따내는 것은 대부분 자기 자신에게 달려 있습니다. 우리가 얼마나 평소에 노력하고 가야 할 길에 필요한 것들을 준비하는가가 그 자격을 갖추는 지름길이 될 것입니다.

그런데 앞에 놓인 문을 열 수 있는 자격이 있다 하더라도, 그 길로 가서 어디에 도달할 수 있을 것인지, 어떤 항로가 펼쳐져 있을 것인지는 매우 불확실합니다. 중간에서 좌절할 수도 있고, 그 길의 연장선에서 새로운 활로를 개척할 수도 있을 겁니다. 앞의 예에서처럼 작가에서 시작하여 대학의 경영자나 정치가가 될 수도 있을 것입니다.

이같이 불확실한 미래에 다양한 선택을 가능하게 하고 항로를 넓힐 수 있는 길은 자신의 능력을 개발하여 미래에 대비하는 수밖에 없습니다. 이러한 능력 개발에 해당하는 10가지 항목을 한번 꼽아 볼까요? 물론 어떤 것들은 자신의 의지와 상관없는 능력도 있겠군요.

▶ 자기 능력 개발의 10개 항목

① 폭넓고 우수한 교육 받기

② 자신의 특별한 재능 개발하기

③ 사람들과 좋은 관계 유지 및 친구 만들기

④ 자제력과 인내심 갖추기

⑤ 좋은 습관 만들기

⑥ 열심히 일하려는 자세 습득하기

⑦ 다양한 일들 경험하기

⑧ 형제가 많거나 재력이 튼튼한 좋은 가정 배경

⑨ 자신의 타고난 지능이나 소질

⑩ 건강과 외모

여기서 교육에 대해서는 몇 가지 주의를 요합니다. "교육받지 않은 천재는 광산에 묻혀 있는 은과 같다"고 벤자민 프랭클린(Benjamin Franklin)이 말했을 정도로 훌륭한 교육은 유용한 기술과 경험의 습득을 통해 인간의 성장을 크게 돕습니다. 우선 좋아하는 과목과 영역을 많이 공부해야 하지만, 몇 가지 영역은 두루 잘하는 것이 좋습니다. 예를 들면, 수학과 영어 그리고 예술 분야 중의 하나는 두루 잘하도록 노력하는 것이 중요합니다. 그것은 후일 다른 일에도 고급 사고력과 창의력을 발휘케 하는 바탕이 되기 때문입니다.

또한 어느 학교에 다니든지 가능하면 좋은 성적을 기록해야 합니다. 어쩌면 다니는 학교에서 좋은 성적을 받는 일이 좋은 학교에 가는 것보다 더 중요할 수 있습니다. 보통 수준의 학교에서 뛰어난 성적을 얻은 사람이 명성이 높은 학교에서 중간 성적을 얻는 것보다 인생에서 더 성공한다는 조사 결과도 있습니다. 아마도 좋은 성적을 얻는 학생은 스스로 최고의 업무 수행을 기대하게 되고 이러한 기대 습관이 다른 환경이나 일에서도 계속되기 때문이겠지요.

나이(연령) 역시 인생의 항로에서 중요하게 고려해야 할 사항입니다. 어떤 경우에는 아주 어린 시절에 그 길로 들어서야 하는 경우도 있습니다. 예를 들어, 피아니스트가 되고자 하는 경우에는 어린 시절부터 기능을 개발해야 하겠지요. 만약 이 시기를 놓치면 문을 열 수 있는 자격을 갖추지 못하는 경우도 있을 겁니다. 반면 어느 정도 경험을 쌓고 세월을 보내야 하는 경우도 있습니다. 예를 들어, 국회의원이나 대통령의 피선거권은 일정한 나이가 든 후에야 가능합니다. 대부분의 영향력 있는 정치가들은 40대 이상이 많은데, 이는 그만큼 기초 경험을 쌓기 위한 시간이 필요하기 때문입니다. 이런 경우에는 새 길로 갈 수 있는 나이가 되었을 때에 그 길을 열 수 있게 자격과 재능을 미리 길러 두어야 할 것입니다.

내 아이와 만점짜리
계획 세우기

직업 세계에서 성공한 사람들에게 "무엇이 오늘의 성공을 불러왔는가?"라고 물으면, 많은 경우에 "운도 좋았지만 항상 계획을 세우곤 했다"고 답합니다. 사실 계획은 곡식을 추수하기 위해서 '씨를 뿌리는 일'과도 같으며, 인생이 무엇인가를 가져다주기를 바라지 않고 '능동적으로 어떤 것을 성취하는 과정'이기도 합니다.

이렇게 계획을 세워 나가는 과정에서는 몇 가지 주의할 점이 있습니다.

첫째, 계획은 실현 가능성의 문제이며 불변의 것은 아니라는 점입니다. 사실, 계획의 성취 여부는 불확실한 것입니다. 그러므로 성공의 가능성을 높이기 위해 먼저 해야 할 일이 있을 수 있으며, 되도록 성공 가능성이 높은 계획을 세우는 것이 좋겠지요. 또한 실패할 경우를 생각해서 몇 가지 대안을 생각해 보는 것도 의욕을 상실하지 않는 좋은 방법입니다. 때에 따라서 계획은 변경될 수도 있을 것입니다.

둘째, 계획은 장·단기로 구분해 짜야 합니다. 십 년 단위의 계획은 일 년 단위의 계획보다 피상적일 수 있으며, 하루 계획이나 시간 단위의 계획은 월간 계획이나 주간 계획보다 더욱 구체적일 수 있습니다. 여기서 장기 계획은 우리가 내다볼 수 없는 미래와 관련되어 있어 무엇을 추구해야 할 것인가를 결정해야 하긴 하지만, 아주 자세할 필요는 없으며 오히려 어느 정도 융통성을 남겨 두는 것이 필요합니다. 그러나 월간 계획이나 주간 계획은 현실적으로 짜야 하며, 되도록 열심히 노력해서 달성 가능하도록 계획해야 합니다. 불가능한 계획을 세워 절망감을 맛볼 필요는 없으니까요.

또한 시간 단위의 미세한 계획에서는 시간을 흘려보내지 않도록 하는 것이 매우 중요합니다. 사실 '천리 길도 한 걸음부터'라는 말이 있듯이 우리의 일 년도 10분, 1시간이 모인 것입니다. 그러므로 시간을 낭비하지 않고 적절한 순간을 잘 활용할 수 있게 계획을 짜는 것은 매우 중요합니다. 남보다 10분을 더 공부하고 일하는 것이 나중에는 엄청난 차이를 불러오게 될 것입니다.

커다란 목표는 작은 목표를 여러 개 달성함으로써 이루어집니다. 유명한 피아니스트가 되는 것이 인생의 장기 목표라면, 오늘 당장 그 일을 이룰 수 있는 실행 가능한 일을 찾을 수는 없습니다. 하루아침에 유명한 피아니스트가 될 수는 없기 때문입니다. 그러나 '한 시간 동안 베토벤 소나타의 한 소절을 익히는 것'을 목표로 한다면 이 계획은 실천할 수 있습니다. 결국 유명해지는 것도 '한 시간의 목표'가 지속적으로 달성된 결과일 것입니다. 흘러간 한 시간은 전 인생에서 결코 다시는 돌아오지 않습니다. 우리는 무심히 시간을 흘려보내지만, 이는 생각하면 다시는 찾을 수 없는 소중한 순간을 없애는 것입니다.

셋째, 인생의 계획에서는 최소한 한 분야에서는 일인자라 할 수 있을 만큼 전문가가 되어야 합니다. 직업적인 것이든, 취미이든, 아니면 사회활동이든 최소한 하나는 정말 잘할 수 있어야 합니다. 적어도 그 분야에서는 가치 있는 존재로 인정받을 수 있어야 스스로의 자부심을 키울 수 있습니다. 자신에 대한 자부심은 스스로에 대한 기대를 높여 더욱 노력하게 하고 삶의 보람을 느끼게 할 것입니다.

물론 이러한 한 가지에 충실한 것이 중요하지만, 여력이 있으면 다양한 활동을 할 수 있게 계획을 세우는 것도 필요한 일입니다. 인생은 변화무쌍한 것이어서 갑작스러운 재난에 대비하려면 다양한 자질을 갖추는 것도 필요하기 대문입니다.

넷째, 실현 가능하면서 바람직한 계획을 짜려면 계획하려는 것에 대한 정보가 필요합니다. 주거에 대한 계획을 세우려면 부동산과 주택 상황에 대한 정보가 필요하겠지요. 이를 얻기 위해서는 잡지를 보거나 인터넷을 뒤지거나 공인중개사에게 물어보거나 잘 아는 사람과 상의해 봐야 할 것입니다. 그런 연후에 계획을 세워야 하겠지요. 좋은 계획에는 지식과 경험 자료가 매우 중요합니다.

다섯째, 갑작스러운 발전보다는 꾸준한 성장을 이끌어낼 수 있도록 계획하는 것이 좋습니다. 대개 아주 가치 있는 것들은 꾸준한 노력의 대가입니다. 아름다운 정원도 많은 수목들을 꾸준히 가꾼 결과이지, 하루아침에 갑자기 이루어질 수는 없습니다. 직업 세계에서도, 교우 관계도, 화목한 가정도 모두 마찬가지입니다. 인생에서 급격한 변화는 거의 일어나지 않으며, 일어난다 하더라도 알고 보면 꾸준히 진행된 행동의 결과인 경우가 대부분입니다. 천천히 그러나 꾸준히 흐르는 강물이 바위를 깎아내리며, 보잘것없는 씨앗이 뿌려져 꾸준히 성장하여 어느새 커다란 숲이 됩니다.

"좋은 삶은 '오랜 시간의 힘'과 '꾸준한 인내'의 산물입니다."

직업은 인간의 삶에 너무나 중요합니다. 물론, 내가 하고 싶다고 그대로 할 수 있는 것은 아니지요. 현실적으로 원하는 모든 것을 그대로 할 수는 없습니다. 어쩔 수 없이, 내가 좋아하는 직업 중에서 내가 할 수 있는 것을 선택할 수밖에 없습니다. 실제적 직업, 탐구적 직업, 사회적 직업 등 직업의 종류를 생각하면서, 자신이 추구하는 가치, 흥미, 재능, 성격, 보수 등을 고려하는 것은 직업 선택에 있어 매우 중요합니다. 이렇게 직업을 생각게 하는 것은 자녀의 공부에 박진감을 더할 것입니다.

2-2

내 아이의 꿈을 담을 그릇 '직업' 만들기

- 내 아이의 가슴을 설레게 하는 '직업'
- 꿈을 꾸는 데도 타이밍과 선택이 중요하다
- 내 아이의 꿈을 담을 그릇 '직업' 고르기

내 아이의 가슴을
설레게 하는 '직업'

사람들은 흔히 좋은 직업을 갖고 잘살기를 바랍니다. 좋은 직업이란 무엇일까요?

아마도 자신이 잘할 수 있으면서도 원하는 일을, 존경 받으면서, 안정적으로, 때로는 여유 있게, 또한 돈도 잘 벌고, 권력도 있는 일을 하는 직업이면 최상일 것입니다. 물론 시대의 분위기에 따라 유행하는 직업군이 바뀔 수도 있습니다. 우리 사회가 한창 경제적으로 성장할 때에는 대기업이나 금융기관처럼 돈을 버는 직업이 인기 직종이었지요. 그런데 금융 위기를 겪고 경제가 어려워지면서 사람들은 공무원이나 교원과 같이 안정적인 직업을 더 선호하고 있습니다. 또한 개인이 누리는 삶의 질이 중시되는 사회로 변하면서 여가를 즐길 수 있는 직업을 갖고 싶어 하는 사람들이 크게 늘어났습니다.

여기서 한 가지 생각해 봐야 할 점이 있습니다. 하나는 여러 가지를 두루 충족하는 직업일수록 원하는 사람이 많아 경쟁이 매우 치열하다는 것입니다. 국가 고급공무원이나 의사가 되려면 대학 진학과 시험 통과 등 어렵고 경쟁이 치열한 여러 과정을 거쳐야 합니다. 내가 하고 싶다고 그대로 할 수 있는 것도 아니지요. 현실적으로 원하는 모든 것을 그대로 할 수는 없습니다. 어쩔 수 없이, 내가 좋아하는 직업 중에서 내가 할 수 있는 것을 선택할 수밖에 없습니다.

따라서 내가 **직업에 대해 무엇을 중시하고 있는지**[5]를 따져볼 필요가 있습니다. 어떤 사람들은 존경과 명예를 가장 중시하기도 하고, 또 어떤 사람들은 여유와 여가를 중시하기도 합니다. 때로는 돈을 잘 벌어야 한다고 생각하기도 합니다. 물론 이러한 것들은 자신의 성격 때문일 수도 있으며 가족의 영향일 수도 있습니다. 때로는 자신의 경험에 직접 영향을 받기도 합니다.

또한 이러한 생각은 일생을 살면서 변화하기도 합니다. 어릴 때에는 매우 좋았던 것이 나이가 들면서 시들해지기도 하고, 어떤 계기 때문에 또는 우연히 돈을 벌어야겠다고 생각하기도 합니다. 필자의 한 친구는 어릴 때부터 책읽기를 좋아했지만, 대학을 다니면서 가족의 경제적 어려움을 몸으로 느끼게 되었고, 그 후 사업가로 변신하여 현재 우리나라 100대 기업 중의 하나를 운영하고 있습니다. 이 모든 게 전적으로 자신의 선택과 판단에 따른 것입니다.

꿈을 꾸는 데도
타이밍과 선택이 중요하다

그런데 또 하나 중요한 것은 자신이 잘할 수 있는 재능과 흥미가 있는가 하는 것을 판단하는 일입니다.

이를 흔히 적성이라 합니다. 물론 노력하면 대부분의 일에서 어느 정도 성과를 거둘 수 있습니다. 그러나 어떤 분야는 타고난 재능이나 성격이 아주 중요한 역할을 합니다. 악기를 연주하는 음악적 재능이나 운동 능력은 어찌 보면 노력으로 극복하는 데에 한계가 있는 경우가 많습니다. 이런 경우는 일찍 그 재능을 판단해 주어야 합니다. 40세가 넘어 피아노 연주를 시작해서 세계적 피아니스트로 성장하기는 어렵겠지요.

특수한 분야의 재능을 키우는 것보다 공부를 선택한 경우에도, 일반적으로 고등학교에 가게 되면 문과와 이과로 나누어야 합니다. 수학 계열의 과목을 좋아하면 그 학생은 이과에 재능이 더 있을 수 있으며, 언어와 관련된 과목인 국어, 사회, 외국어 등에 더 흥미를 보이면 문과가 더 적합하겠지요. 그러나 반드시 그렇다고 볼 수 있는 것은 아닙니다. 많은 경우에는 어느 것에 더 적합한지가 잘 드러나지 않습니다. 이러한 경우 시중에 나와 있는 몇 가지 진로 검사(가치관 검사, 흥미 검사, 성격 검사, 적성 검사 등)를 골라 확인해 볼 수 있습니다. 물론 이런 검사가 완벽한 것은 아니며, 시간이 흐르면 그 경향이 어느 정도 바뀔 수도 있지만, 자녀의 일반적인 성향과 흥미를 파악하는 데 많은 도움이 될 것입니다.

또 하나, 현실적으로 부딪히는 고민은 대학을 선택할 때입니다. 학교를 볼 것인가 아니면 학과와 적성을 볼 것인가에 대해 많은 사람들이 고민합니다. 물론 원론적으로는 적성에 맞게 선택해야 한다고 말할 수 있습니다. 그런데 원론은 예외를 지님을 의미합니다. 더욱이 오늘날처럼 학문 간의 융합이 커다란 흐름을 타고 있고 학생이 어느 정도 자유롭게 여러 분야를 공부할 수 있는 상황에서 어쩌면 싫어하지 않는 분야라면 학교가 중요할 수도 있습니다. 이 문제는 결국 학생 자신의 선택에 맡겨야 할 것입니다. 물론 어떤 선택을 하면 어떤 가능성이 있을 것인지에 대해서는 충분히 대화하고 알려줄 필요가 있겠지요.

내 아이의 꿈을 담을 그릇
'직업' 고르기

직업은 말할 필요도 없이 인생에서 가장 중요합니다. 우리가 흔히 "당신은 누구십니까?"라고 물으면 대부분은 자연스럽게 교사, 회사원, 농부 등 자신의 직업을 이야기합니다. 직업은 삶의 유형과 자신의 이미지 형성에 너무나 중요한 것이기에 학생 시절에도 미리 직업의 유형과 특성을 살펴보는 것은 미래를 위한 준비에 필요한 것입니다.

물론 직업을 선택할 때에는 여러 가지 고려해야 할 사항들이 있습니다.

① 우리는 자신이 가치 있는 일을 할 때 만족하게 됩니다. 자신의 삶에서 무엇을 가장 소중하게 여기는가를 분명히 하는 일은 직업을 선택할 때에 생각해 보아야 할 중요한 사항입니다. 즉 인생에서 추구

하고자 하는 가치를 분명히 탐색하고 이를 실현할 수 있는 직업을 선택해야 할 것입니다. 후회 없는 삶을 위해서는!

② 대부분의 사람들은 흥미 있는 일을 할 때면, 힘든 줄도 모르고 피곤함도 잊게 됩니다. 또한 그렇게 되면, 자연히 남보다 더욱 열심히 일에 몰두하게 되고 그 결과 더 많은 업적을 남기게 될 것입니다. 물론 이러한 흥미는 사람이 성장함에 따라 어느 정도 변화할 것입니다. 어릴 때 좋아하지 않던 것도 시간이 지나면서 생각이 바뀌고 주위 환경 때문에 변화할 수 있습니다. 어릴 때에는 양식만 좋아하던 아이들이 성장해서는 한식을 즐기는 경우가 많은 것과 같습니다.

③ 사람들은 누구나 그 나름대로 어떤 분야에서는 뛰어난 재능을 지닐 수 있습니다. 이러한 재능이 적성이며, 이에 적합한 일에서는 쉽게 자신의 능력을 발휘하게 될 것입니다. 이렇게 되면, 그 분야에서 유능하고 우수한 사람으로 인정받게 될 것입니다. 이러한 적성에 대해서는 앞에서 이미 언급한 바 있습니다.

④ 어떤 환경에서 특정한 반응을 나타내고 그것이 유지·발전된 독특한 심리적 특성으로, 남과 다른 자신만의 행동양식을 우리는 흔히 성격이라 말합니다. 이러한 성격은 선천적으로 타고날 수도 있으며, 후천적으로 환경의 영향을 받아 길러질 수도 있습니다만, 여하튼 그 사람의 정서적인 반응과 사회적 행동에 크게 영향을 미칠 것입니

다. 하고자 하는 일이 자신의 성격에 맞으면 사람들은 더욱 일을 잘할 수 있을 것입니다. 또한 더욱 그 일에 흥미를 느끼게 될 것입니다.

⑤ 때로는 아무리 자신의 성격에 부합하는 것이어도, 선택하고자 하는 직업이 아무런 보상도 없을 경우에는 직업으로서 적합한지에 대해 재고해야 할 것입니다. 직업은 경제적인 삶의 바탕이 되기 때문입니다. 아울러 선택하려는 직업이 어떤 고충과 부담을 줄 것인가도 잘 따져보아야 할 것입니다. 자신에게 감당할 수 없는 부담을 주는 직업을 그저 흥미만으로 선택할 수는 없을 것입니다.

⑥ 마지막으로 다른 조건이 같으면, 가족이나 친지들에게서 도움을 받을 수 있는 일이 자신에게 더욱 나을 수 있습니다. 정보를 수집하고 직업군 내의 필요한 사람들과 연계망을 만드는 데에 도움을 받을 수 있기 때문입니다. 요즈음 연예계나 정치권에서 부자가 대를 이어 같은 직종에 종사하는 경우를 종종 보게 됩니다. 이는 쉽게 도움 받을 수 있는 장점 때문이지요.

그러면 직업에는 대략 어떤 것들이 있을까요?

오늘날, 첨단 직업이 수없이 생겨나고 직업의 유형에 대해 많은 사람들이 이야기했지만, 여기서는 존 홀랜드(John Holland)에 의해 개발된 여섯 가지 유형의 범주를 살펴보겠습니다. 물론 이 중의 하나가 사람들에게 우세하게 나타나지만, 서로 겹치는 유형이 있을 수도 있습니다. 이 분류는 일반적으로 성격과 환경을 중시한 것으로 여겨지고 있습니다.

(1) 실제적 직업군

순진하고 성실하고 검소하며 말이 적고 단순한 성격의 소유자로서, 분명하고 체계적인 활동 대상(기계, 공구 등)을 좋아하고 대인관계 능력은 부족한 사람들이 주로 여기에 속합니다. 흔히 기계공학, 전기

공학, 화학공학, 농과대학에서 전공하는 경우가 많으며, 대표적인 직업으로는 기술자, 엔지니어, 기계기사, 정비사, 전기기사, 운동선수 등이 있습니다. 이 직종에 있는 사람들은 전문성과 유능성에 커다란 가치를 둡니다.

(2) 탐구적 직업군

논리적이고 분석적이며 탐구심이 있고 합리적이며 정확하고 지적 호기심이 많고 내성적인 성격의 소유자로서, 체계적이고 관찰적인 창조적 탐구활동을 좋아하는 사람에게 적합한 직업군입니다. 흔히 자연과학, 의학과 생물학, 수학, 천문학, 사회학, 심리학 등의 전공에 적합하며, 대표적인 직업으로는 과학자, 의사, 생물학자, 수학자, 지질학자, 물리학자 등이 있습니다.

(3) 예술적 직업군

상상력이 풍부하고 감수성이 강하며 개방적이고 직관적이며 자유분방하고 개성이 강하며 협동적이지 않은 성격의 소유자들로, 예술과 공예, 연극영화 등의 전공에 적합합니다. 대표적인 직업으로는 예술가, 시인, 소설가, 디자이너, 극작가, 연극인, 미술가, 음악평론가, 만화가 등이 있습니다.

(4) 사회적 직업군

친절하고 이해심 많고 관대하며 우호적이고 협동적이며 외향적인 성격의 소유자로서, 타인의 문제를 듣고 이해하고 도와주고 싶어 하지만, 기계적인 일에는 관심이 없는 사람들에게 적합한 직업군입니다. 주로 사회복지학, 사범학, 가정학, 간호학, 재활학 등의 전공에 적합합니다. 교사, 임상치료사, 사회복지사, 간호사, 유아원장, 종교지도자, 사회사업가 등이 대표적인 직업입니다.

(5) 기업적 직업군

지도력과 설득력이 있고 모험심이 강하며, 경쟁적·열성적·야심적·외향적·낙관적 성격의 소유자로서, 조직의 목적을 위해 기획하는 일은 좋아하지만 관찰적·체계적 활동에는 관심이 없는 사람에게 적합한 직업군입니다. 경영학, 경제학, 정치외교학, 법학, 군사학, 정보학, 정책학 등의 전공에 적합합니다. 정치가, 기업경영인, 광고인, 영업사원, 보험사원, 판사, 관리자, 공장장 등이 대표적 직업입니다.

(6) 관습적 직업군

정확하며 빈틈없고 조심성 있고 변화를 싫어하며 계획성 있고 사무적이며 완고하고 책임감이 강한 성격의 소유자로서, 사무적이고 정해진 원칙 아래 기록·정리·조직하는 일을 좋아하는 사람들에게 적합한 직업군입니다. 회계학, 행정학, 도서관학, 컴퓨터학, 세무학, 정보처리학, 법학 등이 적합한 전공입니다. 회계사, 세무사, 경리사원, 은행원, 법무사, 컴퓨터프로그래머, 사서, 안전관리사 등이 대표적인 직업입니다.

스스로 공부하는 것은 기억을 오래도록 지니게 하고 학습부진을 타개하는 유일한 방법입니다. 사실 학습부진에는 다 이유가 있습니다. 학생 자신이 스스로 해나가는 학습은 모든 단계에서 학습자 자신의 생각과 판단이 중요하며, 이를 도와주거나 이러한 노력을 촉진할 수 있는 도움이 부모로부터 있어야 합니다. 학습과제를 선정하고, 목표를 설정하며, 자료를 찾고, 전략을 짜며, 스스로 평가하는 과정에 이르기까지 세심한 배려가 필요합니다.

2-3

학습부진 해결의 유일한 길
'스스로 학습'

- 스스로 공부하기
- 학습부진에는 다 그만한 이유가 있다
- '스스로 공부하기'의 절차와 지원
- 어떻게 스스로 공부하는 능력을 갖도록 도울 것인가

스스로 공부하기

　　스스로 공부한다는 것은, 학습자 스스로가 주도하는 학습의 과정으로 다른 사람의 특별한 도움 없이 스스로 학습의 필요성을 진단하고, 학습목표를 설정하며, 이 목표를 달성하는 데에 필요한 자료와 참고할 수 있는 것들을 찾고 적절한 방법을 고안하여 목표 달성에 이르는 학습 과정을 말합니다. 이러한 과정이 학교에서도 이루어질 수 있으나, 여기에서는 주로 가정에서 이루어지는 학습을 중심으로 이야기를 풀어갈까 합니다. 여기서 '스스로 공부하기', '자율적 학습', '자기 주도적 학습' 등의 용어는 대략 같은 뜻으로 이해하면 됩니다.

　　스스로 공부하는 과정은 학교나 학원과 같이 다른 사람에 의해 미리 계획된 교육과정에 의해 학습에 참여하는 것이 아니라, 배움의 주체가 자기 자신이라는 점에서 커다란 의미가 있습니다. 이러한 과정을 거쳐 학습한 것은 다른 사람으로부터 수동적으로 배운 학습 내용보다는 더 오래 기억되고 또 더욱 잘 활용할 수 있습니다. 뿐만 아니라 학습에 대해 스스로 책임을 지는 능력을 키운다는 점에서도 매우 유용한 것입니다. 또한 학교의 학습 내용을 벗어나는 새로운 교육 내용이 빈번하게 생겨나고 인터넷이나 새로운 학교의 형태 등 교육 환경이 급변하는 상황에서, 학습자 자신이 주도적으로 학습해 나가는 능력을 키우는 것은 학교 교육 이후의 삶을 개척해 나가는 데에도 매우 중요합니다.

다른 한편으로 스스로 공부하는 것은 학습부진을 겪고 있는 학생들의 성적을 올리는 사실상의 유일한 길이기도 합니다. 학습부진은 주로 열심히 공부해야겠다는 내적인 의욕과 힘이 부족한 경우에 생기게 됩니다. 또한 전학해서 학교 상황에 적응할 수 없거나, 학생 자신에게 공부에 전념할 수 없는 어떤 일이 일어난 경우에도 발생합니다. 즉 학습과 관련된 외부 상황이 학습을 방해할 때가 있기 때문이지요. 이러한 경우 이를 극복할 수 있는 유일한 길은 학생 스스로가 문제를 자각하고 이를 해결할 수 있는 방법을 찾을 수 있게 도와주는 게 가장 좋은 방법입니다. 사실상 자신의 문제는 학생 자신이 가장 잘 알고 있으며, 이를 극복할 수 있는 힘도 자신의 결단과 노력에서 나오는 것입니다.

　여기서 배움의 주체성 확립과 스스로 공부하는 능력 신장을 위해 생각해 볼 수 있는 한 가지는 게으름이나 불성실이 일어날 기미를 보이는 '초기 상태(幾, 낌새, 조짐)'를 확실히 다잡아야 한다는 것입니다. 사람은 누구나 게을러질 수 있고 잘못된 선택을 하려는 유혹에 빠질 수 있습니다. 하물며 어린 학생들에게는 이러한 마음이 더욱 심할 수 있지요. 이러한 낌새가 있자마자 이를 과감히 이겨내고 과단성 있게 올바른 방향으로 마음을 다잡는 연습과 노력은 스스로가 배움의 주체가 되는 데에 매우 중요합니다. **은연중에 아주 작은 것이라도 게을러지거나, 스스로 하려 했던 일을 적절한 이유 없이 포기하고 싶거나, 놀고 싶은 유혹에 빠지고 싶거나, 그와 비슷한 마음이 생겨날 조짐이 느껴지면 이를 '용감하게 이겨내고 섬멸하려는 자세'를 갖도록 노력하는 일은 공부와 학문에서 절대적으로 중요한 것입니다.**[6] 이러한 마음을 절제하고 삼갈 수 있는 능력은 모든 성공의 바탕이 될 것입니다.

 | Part 02 스스로 계획하고
실천하는 창의적 자녀로 키우자

학습부진에는
다 그만한 이유가 있다

흔히 주변을 둘러보면 학교 공부에 부진하면서도 별로 성취욕도 높지 않은 학생들을 만나게 됩니다. 이러한 아이들의 상당수는 "왜 시험을 잘못 보았느냐?"는 질문에 "좀 더 노력하면 잘할 수 있다"고 대답합니다. 그러나 그 후에도 성적이 오를 만큼 노력하거나 철저하게 준비하는 경우는 드물지요. 때로는 부모의 관심이나 물음에 변명이나 자기합리화로 일관하기도 합니다. '책을 잃어버렸다거나, 시험 범위를 잘못 알았다거나, 배우지 않은 부분에서 출제를 했다거나, 원래 그 과목은 싫어한다거나, 답안지에 번호를 잘못 기입했다'는 등의 이유를 늘어놓습니다.

이러한 자녀에 대해 부모들은 흔히 두 가지 태도로 대하게 됩니다.

그중 하나는 부모가 모든 것을 책임지려는 태도인데, 아이의 학습부진이 공부를 하지 않아서 일어난 일로 여기고 학원 보내기, 학습지 구독, 주간 및 일간 학습 계획까지 모두 부모가 주관해 챙기는 것이지요. 이같이 부모가 몰아붙이면 아이들은 일단 수긍하는 듯한 자세를 취하지만, 실제로 그 효과는 미미합니다. 아이들 역시 자율적 존재이기 때문입니다. 두 번째는 아예 포기해 버리거나, 자녀의 내면세계를 건드리는 것입니다. "너 같은 애는 내 주위에 일찍이 없었어", "너는 공부하기 싫어하기 때문에 아예 생각하기도 싫어"라고 말하면서 지금까지의 관심을 끊어 버린다거나, 아이의 생활습관을 일일이 거론하면서 과거의 잘못까지 들춰내게 되면 이는 더 큰 문제로 이어질 수 있습니다.

사실 어느 것이나 크게 효과를 보는 경우는 드뭅니다. 오히려 왜 성적이 부진한지에 대해 정확하고 면밀하게 진단해 보고 처방해 주는 일이 학습부진 문제를 해결하는 첩경일 수 있습니다. 물론 이 과정에서 대화를 통해 아이의 상황을 정확히 파악하고 현실과 변명 사이를 합리적으로 조정해 주는 것이 필요할 것입니다.

여기서 잠깐, 자녀가 일반적인 학습부진인 경우에 부모님이 꼭 확인해 봐야 할 사항들을 소개할까 합니다. 이 중 어느 하나라도 해당한다면, 이를 어떻게 처방할 것인가에 대해 자녀와 대화하거나, 필요에 따라서는 전문가와의 상담 또는 가정 내의 분위기 반전을 위한 노력이 필요합니다.

[자녀의 학습부진 이유 체크하기]

공부 자체	• 공부에 대한 효과적인 기술 부족 (시간 낭비 등)	
	• 각 과목의 학습전략의 부재 (과목 시간배정 실패 등)	
	• 생체리듬의 부조화 (늦거까지 공부하는 습관 또는 아침에 일찍 일어나는 습관)	
	• 전체적인 개념이나 핵심 이론을 파악하는 능력 부족	
	• 중요한 것과 중요하지 않은 것에 대한 혼동	
	• 집중력 부족	
	• 공부 자체에 대한 회의와 의문	
	• 공부 습관의 미형성	
성격	• 생각은 많되 실천력 부족	
	• 고집스럽고 사고의 융통성 부족	
	• 자기 자신에 대한 확신 부족	
	• 조금만 어려워도 쉽게 좌절하는 경향	
	• 숙제나 집안일, 또는 조금만 어려움이 있어도 미루고 피해 가는 경향	
	• 시험 불안	
	• 과도한 성적 스트레스	
건강	• 뇌 기능의 일 진행 능력 부족	
	• 집중을 도와주는 뇌의 부분적 협조 능력 부족	
	• 시지각 기능의 저하 – **얼렌증후군**[7]	
	• 만성피로	
공부 환경	• 가정 내의 갈등	
	• 학교 부적응	
	• 교사와의 심각한 갈등	
	• 또래 집단의 영향	

앞의 학습부진 체크 리스트에서 나타나는 공부 자체에 관련된 문제는 대략 효과적인 학습전략 부재와 기본 학습력의 부족으로 요약할 수 있습니다. 효과적인 학습전략을 수립하기 위해서는 학교의 각 과목이 어떻게 교육되고 있는지에 대한 이해가 필요합니다. 이러한 이해를 바탕으로 자녀로 하여금 학습계획을 세우게 하고 이를 자녀와 같이 검토해 보는 것이 좋겠지요. 자녀가 불필요한 데에 너무 많은 시간을 허비하고 있지 않는지, 국어·영어·수학과 같이 꾸준히 기초부터 쌓아 나가야 하는 과목을 당일치기로 공부하지 않는지 등에 대해 자녀와 같이 검토해 볼 필요가 있습니다. 이러한 자녀의 학습계획에서 예습은 학교 수업의 이해와 활용에 매우 중요합니다. 따라서 평소에는 예습을 위주로 공부하도록 계획하며, 시험 때에는 복습을 위주로 학습계획을 마련하도록 하는 것도 좋은 방법입니다.

또한 자녀가 현재의 공부를 따라가지 못할 경우에는 보충학습을 통해 기초를 다져줄 필요가 있습니다. 주말이나 방학은 이러한 일을 할 수 있는 좋은 기회입니다. 현재의 학교 수업을 따라잡고, 스스로 예습할 수 있는 능력을 갖추게 되면 자연스럽게 공부에 재미를 붙일 수 있습니다.

학습에 대한 집중력을 자녀에게 키워 주기 위해서는, 학습에 시간을 들여 정성을 쏟는 습관을 길러야 합니다. 이를 위해 자녀가 좋아하는 과목이나 학습주제를 한곳에서 장시간 공부하게 하는 습관을

 Part 02 스스로 계획하고
실천하는 창의적 자녀로 키우자

길러 주는 것도 집중력을 키우는 좋은 방법입니다. 예를 들어, 소설을 좋아하는 아이에게 한 질의 역사소설을 주고 하루에 읽게 하고 이에 대해 서로 이야기해 보는 것도 한 방법일 것입니다. 물론 이 과정에서 초등학교 저학년의 경우에는 상을 주거나 격려의 방법을 찾을 수도 있을 것입니다.

위의 학습부진 체크 리스트에서 성격과 관련되어 나타나는 문제는 대략 자신감 부족과 성적 스트레스였습니다. 일단 자녀의 장점을 살려 기를 올려주는 노력이 자신감 회복에는 중요한 것으로 보입니다. 어떤 일에서든 한 번 자신감을 지니게 되면 아이들은 다른 일에서도 이를 기억할 것이기 때문입니다. 중학교에서 농구를 제외하고는 말썽만 부리던 어떤 아이의 경우에, 고등학교에서 농구에 자신감을 붙여 결국 수학능력시험도 비교적 잘 보고 체육대학에 입학했습니다. 아이의 성적과 시험 때문에 받는 스트레스에 대해 "학습 노력은 강조하되 결과에 대해서는 책임을 묻지 마라"고 충고하고 싶습니다. 열심히 공부할 것은 강조하되 시험 결과는 허용적인 분위기를 만들면 자녀의 성적 스트레스는 크지 않을 것입니다. 이러한 분위기는 오히려 아이의 노력을 자극하고 시험에 더욱 안정적으로 임할 수 있게 할 것입니다.

건강이나 공부 환경과 관련된 문제는 대부분 자녀와 대화하여 상황을 확인하고 다른 사람의 도움을 받아야 하는 경우가 많습니다.

건강에 이상이 있다고 판단되면 의사와 상담해야 할 것이며, 공부 환경의 문제는 주로 담임선생님이나 학교의 교과 선생님 및 다른 관계자들과 상의할 수 있을 것입니다. 예를 들어, 담임선생님과 불화하는 경우에는 과거의 담임선생님이나 학년주임 선생님과 먼저 상의하여 도움을 청하는 것도 하나의 방법입니다. 또한 나쁜 친구나 이성 친구 문제로 어려움을 겪고 있는 자녀를 위해서는, 주변에 비슷한 연배나 경험 있는 학부모들과 상의하거나 학교의 상담 선생님과 상의하는 것이 좋을 것입니다. 요즈음의 학교 상담실은 과거와 달리 역할을 잘 해내고 있는 곳이 많습니다.

'스스로 공부하기'의
절차와 지원

자율적이면서 학생 자신이 주도하는 학습은 모든 단계에서 학습자 자신의 생각과 판단이 중요하며, 이를 도와주거나 이러한 노력을 촉진할 수 있는 도움이 많이 필요합니다. 스스로 공부하는 과정은 아마도 주로 학습과제를 선정하고, 학습목표를 세우며, 활용 가능한 자원을 파악하여 학습전략을 짜고 그대로 시행하며, 추후에 그 결과를 스스로 평가하는 단계를 거치게 될 것입니다. 이러한 모든 단계에서 가정의 적극적인 협조와 지원이 필요합니다.

이러한 과정에서 우선 생각해 볼 수 있는 것은 자녀가 얼마나 자율적으로 학습할 준비가 되어 있는가 하는 것입니다. 이를 위해 우리는 다음의 몇 가지에 대해 한편으로는 자녀 자신이, 다른 한편으로는 부모가 그동안의 경험을 바탕으로 별도로 확인해 보는 것도 좋을 것입니다. 자녀와 부모 양자의 점수를 합해(200점 만점) 100점을 넘지 못하면 특별히 낮은 부분을 찾아 보완해야 합니다.

[자율학습 준비도 체크]

❶ 나는(자녀는) 새롭게 무엇인가 배우기를 좋아한다 | 의욕

1	2	3	4	5	6	7	8	9	10

전혀 아니다   완전히 그렇다

❷ 나는(자녀는) 집에서 보통 학습과제나 방법을 스스로 결정한다 | 자율성

1	2	3	4	5	6	7	8	9	10

전혀 아니다   완전히 그렇다

❸ 나는(자녀는) 스스로 읽는 것의 대부분을 이해한다 | 자기평가

1	2	3	4	5	6	7	8	9	10

전혀 아니다   완전히 그렇다

❹ 나는(자녀는) 공부하는 기초 능력에서는 문제가 없다 | 자기평가

1	2	3	4	5	6	7	8	9	10

전혀 아니다   완전히 그렇다

❺ 나는(자녀는) 어떤 일을 해내는 방법을 잘 생각해 낸다 | 창의성

1	2	3	4	5	6	7	8	9	10

전혀 아니다   완전히 그렇다

❻ 나는(자녀는) 하나인 것보다는 여러 답이 가능한 문제를 좋아한다 | 창의성

1	2	3	4	5	6	7	8	9	10

전혀 아니다   완전히 그렇다

❼ 나는(자녀는) 장래의 일을 생각하는 것이 좋다 | 내재적 동기

1	2	3	4	5	6	7	8	9	10

전혀 아니다   완전히 그렇다

❽ 나는(자녀는) 자신의 의견에 대해 토론하기를 좋아한다 | 개방성

1	2	3	4	5	6	7	8	9	10

전혀 아니다   완전히 그렇다

❾ 나는(자녀는) 학원이나 과외 없이도 혼자 공부할 수 있다 | 자신감

1	2	3	4	5	6	7	8	9	10

전혀 아니다   완전히 그렇다

❿ 나는(자녀는) 지도자는 항상 공부하는 사람이라 생각한다 | 내재적 동기

1	2	3	4	5	6	7	8	9	10

전혀 아니다   완전히 그렇다

이러한 준비 상태를 확인한 후에 스스로 공부하는 과정은 다음의 단계를 거칠 것입니다.

(1) 학습 요구 진단 및 과제 선정

학생은 다양한 이유를 가지고 스스로 학습을 계획할 것입니다. 수행평가를 위한 것일 수도 있고, 다음 시험에서 성취를 높이려는 노력일 수도 있으며, 자신의 미래를 위한 노력일 수도 있습니다. 학생의 학습 요구가 무엇인가에 따라 학습과제는 달라질 것입니다. 물론 이러한 과정에서 과거 유사한 학습 과정에서 어떤 결과를 얻었는지를 참고하여 자신의 요구에 맞춰 새로운 학습과제에 대한 아이디어를 얻는 것이 유용합니다. 동시에 부모님은 학생의 준비도를 확인하고, 학습에 대한 일반적인 능력 수준과 사전 경험 및 기대 수준을 파악해 보는 것이 중요합니다. 학생 또한 자기 자신을 점검해 보고 부모와 대화를 나누는 과정을 간과해선 안 됩니다.

(2) 목표 설정

학생이 원하는 바를 바탕으로 학습과제에 따른 학습목표가 설정될 수 있습니다. 물론 이러한 목표는 앞에서 언급된 학생의 능력을 고려한 것이어야 합니다. 또한 학습목표는 학습의 실행 결과로 학생이 보여 줄 수 있는 행동을 구체적으로 명기할 수 있는 것이어야 합니다. 예를 들어, '이달 30일까지 다음 시험 진도까지의 수학 단원을 예습하고, 문제집 모의고사를 풀어 60점 이상 획득한다'와 같이 학습

목표는 매우 구체적이고 행동적일수록 바람직합니다. 구체적일수록 학습전략과 지원이 잘 이루어질 수 있기 때문입니다.

(3) 학습을 위한 자료와 자원 파악

학습과제를 선정하고 목표를 수립하고 수행하는 데에 필요한 자료의 확보는 스스로 공부하는 과정에서 필수 요소입니다. 학생의 사전 경험을 참고할 수도 있을 것이며 교사나 친구, 부모, 참고서적, 멀티미디어 자료, 인터넷 등 우리 주위에는 다양한 학습 자료들과 참고할 만한 사람들이 있습니다. 앞의 예에서 수학 단원의 예습에 사용할 교과서 외의 참고서는 무엇으로 할 것인지, EBS를 시청할 것인지, 잘 이해되지 않는 부분을 누구와 같이 해결할 것인지, 또한 마지막에 풀어 볼 모의고사 문제집은 어느 것으로 할 것인지 등도 결정해야 할 중요한 사항입니다.

(4) 적절한 전략 수립과 실행

스스로 결정한 학습과제와 학습목표는 다양한 학습전략을 사용하여 성취할 수 있습니다. 학생은 스스로 구체적인 학습전략을 세우고 그것에 따라서 자신의 학습을 실행해 갈 것입니다. 예를 들어, 앞에서 든 목표 달성을 위해 '매주 토요일 오후와 저녁, 일요일 오전을 수학 공부 시간으로 잡고, 월요일·수요일·금요일에는 공부한 것에 대한 EBS 강좌 수강으로 한 번 더 복습하는 전략을 세운다. 또 마지막 주의 일요일 오전과 오후는 모두 이해되지 못한 부분에 대한 도움

받기(예를 들어, 옆집 형으로부터)에 사용한다' 는 전략의 수립이 가능할 것입니다. 여기서 부모는 자녀가 세운 전략을 스스로 기술해 보게 하며, 좀 더 효과적인 전략과 관련하여 절차나 자료를 알려주어 도움을 줄 수 있습니다. 또한 자녀의 능력에서 벗어나 있다고 여겨지는 경우 스스로 다시 한 번 전략을 점검해 보도록 합니다. 여하튼 이러한 전략을 한 번 적어 보면 학생에게 많은 도움이 될 것입니다.

(5) 학습 결과의 평가

스스로 공부하게 되면, 자녀가 기획·실행한 학습과제와 목표 달성에 대해 자신이 일차적 책임을 지게 됩니다. 즉 학습 결과에 대한 학생 자신의 자기평가가 중요한 것입니다. 학습 결과의 자기평가에서는 결과 평가와 동시에 과정에 대한 평가도 이루어지는 것이 바람직합니다. 예를 들어, 모의고사 문제집의 평가 결과도 하나의 평가일 수 있으며, 실제 다음 번 학교 수학 시험의 성취도 역시 중요한 평가 결과일 수 있습니다. 또한 학생 자신이 기획하고 실행한 각 과정에 대해 어떤 일이 일어났으며 만족스러웠는가를 평가해 보는 것도 스스로 해야 할 중요한 일입니다. 학습 시간 배정 전략은 적중했는가, 교재는 적절했는가, 옆집 형은 모르는 부분의 이해에 크게 도움을 주었는가 등의 질문에 답하는 것은 과정에 대한 평가에 속합니다. 이에 더해 부모 역시 자녀의 활동에 대해 나름대로 평가해 봐야 할 것입니다.

이러한 과정에서 부모와 자녀 사이에, 자녀가 스스로 세운 학습 계획에 대해 부모가 무엇을 도와줄 것인지를 서로 서면으로 서약하는, 일종의 '학습 계약' 역시 좋은 방법 중 하나입니다. 이를 통해 자녀는 더욱 자신의 자율학습에 철저해질 수 있을 것이며, 부모 역시 자녀와 대화를 좀 더 잘 이끌 수 있을 것이기 때문입니다. 또한 학습 계획이 성공했을 때의 성취감 역시 더욱 높아지게 될 것입니다. 물론 학습 계약에는 학습과제, 학습목표, 학습전략, 평가 방법, 부모의 지원전략 등이 구체적으로 명기되고 부모와 자녀의 자필 서명이 있어야 할 것입니다.

어떻게 스스로 공부하는
능력을 갖도록 도울 것인가

기본적으로 가정에서 부모는 자녀의 자율학습 의지를 북돋아 주고 학습 과정을 격려하고 조언하는 촉진자로서 행동해야 합니다. 그러려면 자녀와의 깊이 있는 대화가 무엇보다 중요할 것입니다.

이러한 부모의 역할을 다하기 위해서 우선 자율적 학습 환경을 조성해야 합니다. 예를 들어, 집안의 분위기를 편안하고 어느 정도 허용적으로 이끌어야 합니다. 이러한 분위기에서 자녀는 자신의 흥미와 욕구를 드러낼 수 있으며, 부모와 심도 있는 대화를 할 수 있기 때문입니다. 이와 더불어 자녀가 자율적으로 무엇인가를 하려 할 때에 이를 격려하고, 자녀의 자율적 학습 계획에 대해 칭찬을 아끼지 말아야 합니다. 때로는 자녀가 필요로 하는 것으로 간접적인 외적 보상을 해 주는 것도 필요하겠지요. 이를 통해 자녀는 학습의 즐거움을 만끽하게 될 것입니다.

그런데 한 가지 주의할 점은 되도록 **부모는 조언자의 입장에 머물러야 한다는 점입니다.** 때로는 답답하고 좋은 전략이나 답이 눈앞에 보여도 되도록 참으면서, 자녀 자신이 그것을 스스로 달성할 수 있게 꾸준히 지켜봐야 한다는 것입니다. 그렇지 않으면 자녀는 결국 부모의 눈치를 보며 자신의 자율적 의지에 의한 학습능력을 키울 기회를 상실할 것이기 때문입니다. 물론 조언자이자 자율학습 능력 향상의 촉진자로서 자녀에게 적절한 수준의 학습과제와 목표 설정을 할 수 있도록 조언하고 자녀에게 필요한 자료에 대해 언급해 줄 필요는 있겠지요. 더욱이 자녀와 학습 계약을 맺은 경우에는 이러한 역할을 더욱 강화해야 할 것입니다.

또한 과도하게 사교육에 의존하는 일은 자제해야 합니다. 물론 자녀의 자율적 학습력을 제고하는 과정에서 학원이나 과외와 같은 사교육에 의존해야 할 필요가 있을 수도 있으나, 이는 어디까지나 자녀의 요청에 의한 것이어야지 강권하거나 그렇게 하도록 부모가 요청한 것이어서는 곤란합니다. 부모가 어떤 제안을 하는 경우에도 반드시 자녀가 자신의 입장에서 그 안을 검토하고 수용 여부를 결정할 수 있게 해야 함은 반드시 주의해야 할 사항입니다.

자녀가 얼마나 자율적이고 자아를 지닌 존재인지를 부모가 깨달 아야 할 필요가 있음은 물론이거니와 자녀에게도 그러한 자율과 자존을 느끼게 해 주어야 합니다. 이러한 느낌이 자율적 학습력 향상의 바탕이 되기 때문입니다.

독서를 통한 지문의 이해력 증진은 국어에서만이 아니라 사회나 과학 시험에서도 지문의 쉬운 이해로 성적을 높여 줍니다. 학교를 졸업하고서도 독서는 자신의 직업적 판단이나 창의적 사고에 밀접하게 관련되어 있습니다. 책을 읽고 나서 '독서 노트'를 만들어 활용하면 사고력 함양에 큰 도움이 될 것입니다. 이러한 독서 습관을 키워 주려면, 어릴 때부터 책 읽는 습관을 들이도록 해야 하며, 여기저기에 많은 읽을거리를 마련해 두어야 하고, 부모가 먼저 책 읽는 모습을 보여 주는 등 세심한 배려와 부모의 노력이 필요합니다.

성공 불변의 제1법칙 '독서'

- 책 읽어 일등하자
- 100% 활용하는 독서 방법
- 독서를 즐기는 내 아이 만들기

책 읽어 일등하자

독서가 우리의 삶에 매우 중요하다는 사실은 두 말이 필요치 않습니다. 독서는 흔히 학생들이 학교에서뿐만 아니라 사회에 진출해서도 성공적인 삶에 필요한 가장 중요한 요소로 꼽힙니다. 사실 독서를 통한 지문의 이해력 증진은 국어에서만이 아니라 다른 모든 과목의 이해에도 많은 도움이 됩니다. 심지어 독서를 통한 과학적 상식과 개념의 사전적 또는 포괄적 이해는 과학 시험에서 지문을 쉽게 이해할 수 있게 하여 과학 시험 성적을 높여 주기도 합니다. 뿐만 아니라 학교를 졸업하고서도 독서는 자신의 직업이나 갖가지 일에 대한 판단을 용이하게 합니다. 어떤 사안을 바라볼 수 있는 사실이나 개념을 제공해 주고, 또한 어려움을 해결할 수 있는 새로운 생각의 단초를 떠올리게 하기 때문입니다.

실제로 대학수학능력시험을 포함한 각종 평가에서 지문이 길어 학생들이 그 내용을 파악하고 답하는 데에 커다란 어려움을 겪는 경우가 있습니다. 지문이 길어지면 재빨리 읽어 글의 윤곽과 내용을 파악해야 되는데, 이 경우 꾸준히 책을 읽어 온 학생들이 시험을 잘 보게 될 것은 틀림없습니다. 지문의 길이로 난이도를 조절한다는 것은 정확한 표현이 아닐 수 있습니다. 그렇지만 빠른 시간에 많은 정보를 체계적으로 해독해 내는 능력은 평가에서 우수한 성적을 얻는 데에 매우 중요한 도구가 됨은 분명해 보입니다.

그러면 어떤 책을 읽어야 할까요?

우선 학생의 발달 단계에 적절한 책을 읽어야 함은 매우 당연해 보입니다. 초등학생에게 대학생이나 고등학생이 읽어야 할 책을 권해서는 효과가 없겠지요. 비교적 권위 있는 신문이나 잡지 등에서 소개하는 추천도서에서 목록을 찾을 수도 있을 것이며, 학교의 선생님들과 상의할 수도 있을 것입니다.

또 하나 유의해야 할 점은 교과서에 수록되어 있거나 교과서의 지문으로 사용한 글은 반드시 읽어 봐야 한다는 것입니다. 교과서는 우리나라의 교육과정에 따라 저자들이 신중하게 쓴 책이며, 이를 쓰기 위해 참고하거나 직접 인용한 책들은 대부분 내용이 알찬 책들입니다. 뿐만 아니라 대학수학능력시험이나 여러 평가에서 출제를 위한 지문으로 이러한 책들을 사용하는 경우도 많습니다. 이 점에서는 그 책을 읽어 본 학생과 그렇지 않은 학생과의 차이는 현저할 것입니다.

100% 활용하는 독서 방법

독서를 통해 좀 더 효과적으로 사고력을 높이고 체계적인 지식을 얻으려면, 무작정 책을 읽기 시작하는 것보다는 몇 가지 생각할 점이 있습니다.

책을 읽기 전에 저자나 책의 주된 내용, 책과 관련된 이슈 등 읽어야 할 책에 대해 어느 정도 사전 지식을 지니는 것이 당연히 더 효율적이겠지요. 이러한 사전 정보는 좀 더 빨리, 좀 더 체계적인 내용 정리를 가능하게 하기 때문입니다. 또 어떤 경우에는 개략적으로 한 번 읽고, 나중에 정독하면서 다시 한 번 더 읽게 되는 경우도 있습니다. 이를 통해 책읽기를 즐길 수도 있고, 또 그 책의 깊이 있는 독자가 될 수도 있습니다.

이와 함께 책읽기를 마친 후에도 사고력 함양을 위한 몇 가지 시도가 필요합니다. 독서는 학교 교육 교육과정과 관련해서도 창의적 사고나 어휘력 향상, 사고의 체계화, 표현과 글쓰기 등에 밀접하게 관련되어 있습니다. 책을 읽고 나서 '독서 노트'를 만들어 활용하면 사고력 함양에 큰 도움이 될 것입니다.

그렇다면 독서 노트에는 어떤 것들을 담으면 좋을까요?

① 독서 노트에 그 책의 주제와 관련된 자신의 생각을 책을 읽기 전에 먼저 적어 놓고, 책을 읽은 후의 생각과 비교해 보는 것은 창의적 사고의 향상에 많은 도움이 됩니다. 또 책을 읽는 중에 다음 내용이 무엇일까를 예상해 보는 것도 상상력과 창의력 훈련의 좋은 방법이기도 합니다.

② 책을 읽는 도중, 중요 어휘나 핵심 단어를 기록해 모아 둠으로써 나중에 어휘력 향상의 자료로 쓸 수 있습니다.

③ 이러한 과정에서 때로는 중요 내용에 대해(자신의 생각을 포함시킬 수도 있음) 일종의 개념지도를 만들어 활용할 수 있습니다. 이러한 과정에서 사고를 체계적으로 정리하는 능력을 키울 수 있습니다.

다음은 진로 교육과 관련된 책의 내용을 요약한 개념지드의 한 예입니다. 진로교육 개념지도의 내용은, 자신이 추구하는 인생의 가치,

적성, 흥미와 성격, 가족과 친구, 경험과 건강 등을 고려하여 삶의 방향을 정하고 이에 적합한 직업을 찾기 위해 나열한 직업군을 표현하고 있습니다. 이 지도를 보면 직업을 결정하기 위한 기준과 실제 선택 가능한 직업에 대한 정보를 비교적 손쉽게 파악할 수 있을 것입니다. 개념지도는 이와 같이 독서에서도 독자의 생각을 손쉽게 정리할 수 있게 할 것입니다. 학교 수업에서도 자신의 일상생활에서도 이러한 지도를 이용하면 생각을 간략하게 정리하고 체계화할 수 있습니다.

[진로 교육 관련 개념지도의 예]

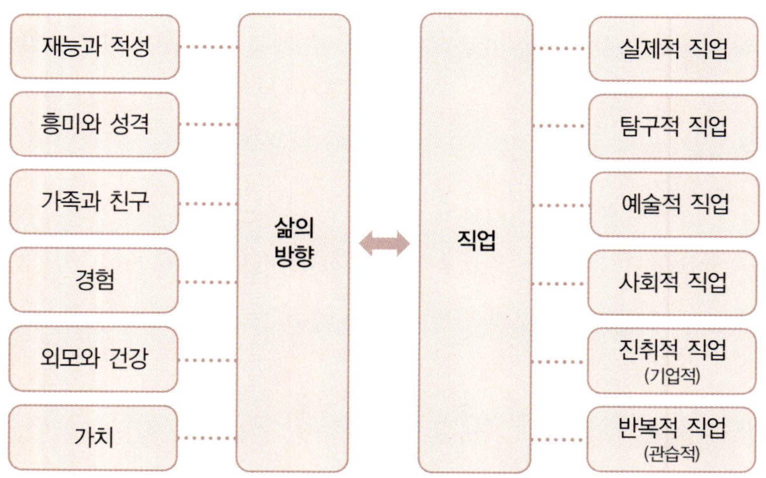

• 6가지 직업군에 대해서는 앞단원(2-2 직업 고르기)을 참고하십시오.

개념지도의 활용 방법을 간략하게 설명해 보면, 한 어린이가 《퀴리 부인》이란 위인의 전기를 읽었습니다. 책을 읽어가는 동안, 뛰어난 과학자로서의 퀴리 부인이 지닌 재능과 적성, 그리고 삶의 가치

추구라는 인생의 방향을 설정해 볼 수 있습니다. 또 이 책을 통해서 감명을 받은 아이는 자신이 가지고 있는 여러 가지 모습을 생각하게 될 것입니다. 그리고 자신에게 적합한 삶의 방향을 잘 선택해 보고, 그런 삶을 실현할 수 있는 직업을 골라 볼 수 있는 것입니다. 책을 읽고 난 후 단순한 내용을 나열하는 독후감이 아니라, 자신을 이해하고 삶을 계획해 보고 장래를 설계해 보는 것도 하나의 훌륭한 독서방법이라는 것입니다.

④ 책을 읽은 다음 자신의 생각을 다듬거나, 읽는 도중 파악한 정보를 정리하는 과정은 자동적으로 글쓰기와 표현력 향상에 연결될 것입니다. 어떻게 보면 독서 노트를 쓰는 전 과정이 사실은 글쓰기의 과정일 수도 있습니다.

독서를 즐기는
내 아이 만들기

다음은 내 아이를 책 읽는 아이로 기르기 위해 생각해 볼 몇 가지 사항입니다.

첫째, 되도록 어릴 때부터 책 읽는 습관을 들이도록 해야 합니다. 사실은 아이가 애기일 때에도, 크게 소리 내어 책을 읽어 주는 것이 좋습니다. 처음에는 1~2분도 좋으나 점차 하루에도 몇 번씩 이렇게 해 주면, 자녀가 나이 들면서 자동으로 책 읽는 습관을 지닐 수 있습니다.

둘째, 집 여기저기에 되도록 많은 읽을거리를 마련해 두어야 합니다. 꼭 새로운 책일 필요는 없습니다. 오래된 책이든 잡지든 아이가 읽을 만한 독서거리를 집 안에 마련해 두어 자녀가 언제라도 책을 쉽게 대할 수 있게 합니다. 때로는 선물로 자녀가 좋아하는 주제를 선정하여 문학잡지든, 스포츠 잡지든 상관없이 잡지를 구독해 주는 것도 좋은 방법입니다.

셋째, 책 읽는 것에 대해 부모들이 매우 소중하게 생각하고 있다고 자녀들이 느낄 수 있게 해야 합니다. 때로는 같이 독서하는 시간을 마련하기도 하고 가끔 같이 도서관이나 서점에 들르기도 하며, 의도적으로라도 자녀에게 부모가 독서하는 모습을 먼저 보여 주어야 합니다. 꼭 책이 아니더라도 괜찮습니다. 잡지나 신문, 편지, 우편물 등 무엇이든 독서하는 모습을 보여 주면 자녀도 따라서 자연스럽게 독서습관이 형성될 것입니다.

넷째, 자녀가 책을 읽기 시작할 시기에는 칭찬을 아끼지 말아야 합니다. 칭찬은 자녀로 하여금 더욱 노력하게 할 것이며, 독서를 소중하게 생각하게 할 것입니다.

다섯째, 혹시 자녀가 책읽기에 어려움이 없는지 살펴봐야 합니다. 때로는 시각 장애를 느낄 수도 있고 독서 기술을 익혀야 할 필요가 생기겠지요. 이러한 경우 의사나 독서 훈련 프로그램을 이용하는 것도 하나의 방법일 것이며, 학교의 담임선생님과의 상담도 필요합니다. 독서 장애는 학교 시험이나 다른 정서적 영역의 장애로 이어질 수도 있음을 상기해야 합니다.

학습과제를 수행하는 과정에서 학생들은 학습력이 길러지며, 부모는 자연스럽게 자녀 교육에 개입할 수 있습니다. 이 과정에서 숙제의 의도를 자녀로 하여금 설명해 보게 하거나, 자녀의 이해가 부족하면 숙제 요령을 함께 읽어 보거나, 친구나 선생님에게 물어보게 합니다. 과제를 어떻게 수행할 계획인지 자녀에게 물어보고, 무슨 도움이 필요한지, 필요한 준비물이 무엇인지 물어봅니다. 물론, 부모는 계획의 촉진자이지 직접 과제를 수행하는 사람이 아닙니다.

2-5

숙제는 학생과 부모에게 좋은 학습 기회이다

- 왜 학습과제를 부여하는가?
- 수행평가, 얼마나 알고 있나?
- 학습과지를 어떻게 도와줄까?
- 문제 해결과 교사와 상담하기

왜 학습과제를
부여하는가?

　　　　기본적으로 학교에서 방과 후에 하도록 부여하는 학습과제는 두 가지 의미를 지닙니다. 하나는 명시적인 것으로 학습과제를 수행하는 과정에서 학생들의 학습력이 길러진다는 것입니다. 다른 하나는 부수적인 것으로 학습과제를 수행하는 과정에 자연스럽게 부모가 개입함으로써 자녀의 학교 교육에 관심을 갖게 되는 계기가 됩니다. 사실 학습과제를 처리하는 과정에서 학부모는 이를 매개로 교사와 상담할 기회를 가질 수도 있을 것입니다.

　　그러면 왜 교사는 학생들에게 방과 후에 해야 할 학습과제를 부여하는 걸까요?

　　이에는 몇 가지 이유가 있습니다. 먼저, 학교 수업에서 배운 내용을 복습하게 하려고 학습과제를 부여하기도 하며, 다음 날 배울 학습 내용을 미리 예습시키려는 성격을 띠기도 합니다. 또 학습한 주제에 대한 자료를 도서관이나 인터넷 등에서 찾게 하기도 하고, 좀 더 깊이 탐색하게 하려는 의도를 지니기도 합니다. 이와 더불어 학교 수업에서 배운 사고력을 실제 생활이나 다른 상황에서 적용할 수 있게 하고, 공부하는 습관을 길러주려는 데 그 이유가 있을 수도 있습니다.

그런데 초등학교 고학년이나 중학교 이상에서 부여되는 학습과제는 주로 직접적으로 학습 자체에 대한 것이 많지만, 초등학교 저학년에서는 대체로 공부에 취미를 붙여 주고 공부하는 습관을 길러 주기 위한 경우가 많습니다. 또한 초등학교 저학년에서는 하루에 그저 2, 30분 정도 걸리는 과제가 많은 반면, 초등학교 고학년이나 중학교에서는 하루 1시간 이상 걸리는 학습과제도 많으며, 그 이상의 학년에서는 때로는 몇 시간이나 며칠 걸리는 과제가 부여되기도 합니다. 또 때로는 개인별 과제가 부여되기도 하지만, 가끔은 여러 학생이 함께하는 팀별 과제가 부여되기도 합니다. 이는 학년이 올라감에 따른 학생의 능력과 지적 상태를 고려하기 때문이며, 학습목표에 맞추기 위해서이기도 합니다.

수행평가,
얼마나 알고 있나?

선택형 시험문제에 의한 평가와는 달리 교사가 학생의 학습과제 수행 과정이나 결과를 보고 학생의 지식, 기능, 태도를 전문적으로 평가하는 방식인 수행평가는 학생과 학부모 모두에게 커다란 관심의 대상이 되고 있습니다. 이것은 과제 수행의 과정이나 결과를 총체적으로 평가하는 방식이며, 학교 현장에서는 선택형 평가의 대안적인 평가를 지칭하기도 합니다.

그런데 수행평가는 평가 과정에서 몇 가지 특징을 지닙니다. 우선 수행평가는 교사의 전문성을 존중할 수밖에 없습니다. 학생을 가장 잘 아는 사람이 교사이기 때문입니다. 또한 수행평가는 한 번 치르는 시험과는 달리 학생을 꾸준히 관찰하고 그 성취를 누적적으로 기록

 | Part 02 스스로 계획하고
실천하는 창의적 자녀로 키우자

함으로써 학생의 수준을 파악하고 개개인의 학습능력을 평가할 수 있게 합니다.

어떻게 생각하면 이러한 수행평가는 학부모의 도움을 크게 필요로 할 수 있습니다. 학생이 그 과제를 이해하는 과정이나 그 결과를 발표하는 모든 과정이 기존의 것을 되풀이하기보다는 전혀 새로운 길을 열어 나가야 하기 때문입니다. 또한 교사의 평가가 어떻게 이루어지나에 대해서도 분명한 가이드라인을 파악해야 합니다.

또 일반적인 교과 학습보다는 더 많은 관심을 가져야 하는지도 모릅니다. 그래서 간혹 지나치게 과열된 경쟁과 다른 친구에게 피해를 주게 되는 경우도 보게 됩니다. 수행평가의 의미는 가장 기본적이고 일상적인 학생에 대한 평가라는 사실을 교사, 학생, 그리고 부모들도 인정하고 객관적으로 학생의 수준을 파악하여 과제를 진행해 나가야 할 것입니다.

학습과제를
어떻게 도와줄까?

자녀의 학습과제를 도와주기에 앞서 유의해야 할 몇 가지 사항을 먼저 상기한 다음, 본격적으로 도와주는 방법을 찾아보기로 하지요.

첫째, 지금 해결하고자 하는 숙제의 의도를 자녀로 하여금 설명해 보게 합니다. 만약 자녀가 제대로 숙제를 이해하지 못하고 있다면, 숙제 수행 요령을 함께 읽어 보거나, 친구나 선생님에게 물어보게 합니다.

둘째, 과제를 어떻게 수행할 계획인지 자녀에게 물어보고, 무슨 도움이 필요한지도 물어봅니다.

셋째, 필요한 준비물이 무엇인지 물어보고, 필요한 것이 갖추어져 있지 않았을 경우 서로 협의하여 준비하도록 합니다.

(1) 과제 수행 과정을 모니터한다.

우선 자녀로 하여금 부모 역시 자녀의 학습과제를 매우 중요하게 생각하고 있음을 알게 해 주고, 때때로 과제 수행을 모니터해야 합니다. 부여된 학습과제가 자녀에게 어떤 도움을 줄 것인지를 생각해 보고, 이에 깊은 관심을 표현하게 되면 자녀도 학습과제에 대해 긍정적인 시각을 가지게 될 것입니다.

또 가끔 과제 수행과 관련된 교사의 지도 방향을 확인해야 하며, 준비물이나 자료가 제대로 갖추어져 있는지를 확인해야 하고, 과제가 끝나면 이것이 얼마나 적절하게 이루어졌는지를 확인해 주어야 합니다. 또한 과거 과제에 대한 교사의 비평과 코멘트를 확인하고 그 의미를 자녀에게 기억시켜 주는 일 역시 필요합니다.

(2) 학습과제를 처리할 일정한 시간과 장소를 정해 준다.

요즘 자녀들은 방과 후에도 학원을 다니거나 공부해야 할 다른 일들이 아주 많습니다. 따라서 자녀가 초등학생이라면 하루 일정을 참고하고 상의하여 과제를 처리할 시간을 정해 주는 것이 좋겠지요. 여기서 한 가지 유의할 점은 되도록 저녁 식사 후나, 자녀가 가정에 돌아온 후에 바로 시간을 잡는 것이 바람직하다는 것입니다. 잠자기 직전에 과제 처리 시간을 잡게 되면 자칫 졸림으로 인해 과제가 소홀히 취급될 수도 있기 때문입니다. 학생에게 있어 가장 중요한 일은 학교에서 성공하는 일이며, 학교에서 부여하는 방과 후 과제는 학교생활의 일부분이기 때문입니다.

또한 되도록 학습과제를 수행할 일정한 장소를 선택해 주는 것도 좋은 방법입니다. 물론 자녀의 공부방이 따로 있다면 그곳으로 결정하면 되지만, 그렇지 못한 경우 거실의 한쪽이나 식탁도 괜찮습니다. 여기서 유의할 점은 어느 곳이든 그곳은 조명이 밝고 조용해야 한다는 것입니다. 고정된 과제 처리 공간을 제공해 줌으로써 과제 수행을 모든 가족 구성원이 중요하게 생각하고 있다는 것을 자녀로 하여금 알게 하며, 이를 통해 자녀도 즐겁게 과제를 수행할 수 있게 됩니다. 즐겁게 임한다는 것은 모든 일에 성공하는 지름길이기도 합니다.

(3) 방해물을 제거해 준다.

TV 시청이나 라디오 청취는 자녀들이 과제에 집중하는 일을 방해합니다. 또한 숙제와 관련된 전화를 제외하고는 핸드폰 통화 역시 억제하는 것이 좋겠지요. 음악 또한 틀지 않는 것이 바람직합니다. 간혹 자녀의 고집 때문에 어쩔 수 없이 음악을 틀어야 할 경우에는 조용한 음악을 틀어 주되, 귀에 리시버를 꽂고 과제를 수행하는 것은 피하게 합니다. 비록 음악이라 하더라도 자녀의 정신집중을 방해할 것이기 때문입니다. 공부에는 무엇보다 정신집중이 절대적으로 중요합니다. 정신을 집중하지 않으면 시간만 보낼 뿐 깊이 있는 사고가 불가능한 경우가 많습니다.

(4) 전적으로 과제를 처리해 주지는 않는다.

자료를 제공해 주고 인도해 주는 것도 좋지만, 부모님이 전적으로 대신 처리해 주지는 말아야 합니다. 그렇게 되면 자녀는 오히려 자신의 일을 방기할 것이며, 자율적 학습능력 신장에 방해가 될 것입니다. 단지 부모가 할 일은 자료나 준비물을 챙겨주어 시간을 절약해 주고, 과제의 정확한 이해를 돕기 위해 서로 협의하거나 수행 방법과 절차에 대한 상담 정도면 충분합니다.

방과 후 과제를 수행하기 위해서는 사전이나 계산기, 빈 공책이나 지도, 보고서 용지, 연필 등 다양한 준비물이 필요합니다. 또한 책이나 인터넷 검색이 필수인 경우도 있습니다.

때로는 자녀를 위해 일종의 과제 가이드를 해야 할 때도 있습니다. 어떤 순서로 과제를 수행할 것인지에 대해 시간 설계를 도와줄 수도 있겠지요. 흔히 진행되는 과제의 절차는 다음과 같습니다. 그리고 이러한 절차를 거친 과제에 대해서는, 그것이 적절히 이루어졌는지 확인하고 간단한 테스트를 할 수도 있을 것입니다.

[과제 수행의 절차]

① 주제 정하기 ▶ ② 책이나 인터넷, 잡지 등을 통해 과제를 위한 자료 모으기 ▶ ③ 이를 통해 주제에 대한 생각을 정리하고 과제의 질문에 초점을 모아 생각하기

▶ ④ 과제의 골격 세우기 ▶ ⑤ 과제의 초고 작성 ▶ ⑥ 과제의 초고 검토와 과제의 완성

문제 해결과
교사와 상담하기

　　수행평가를 포함하여 방과 후 학습과제를 실행하는 과정에서 학생은 다음과 같은 여러 가지 문제에 봉착할 수 있습니다.

① 학생이 과제 수행을 싫어하거나 하지 않으려고 한다.

② 과제의 지시 사항이 분명하지 않다.

③ 학생의 과제 수행을 도울 수 있는 방법이 없어 보인다.

④ 과제를 부여한 목적을 학생이나 부모 모두가 이해하기 힘들다.

⑤ 과제가 너무 쉽게 수행할 수 있는 것이거나 수행하기 불가능하다.

⑥ 학생이 과제 수행을 위해 학교에 등교하지 않으려 하기도 한다.

　　위와 같은 문제에 부딪혔을 때 교사와 상담하는 것은 문제를 해결하는 지름길입니다. 물론 교사에게도 상담 자료가 곧 학생들의 학습 지도를 위한 중요한 자료가 될 것이므로 학부모와 교사 모두에게 유익한 일이기도 합니다.

교사와의 상담을 통해 자녀가 방과 후 과제를 수행하지 못할 만큼 뒤처져 있거나, 특별한 도움을 필요로 하는 경우를 발견할 수도 있을 것이며, 학교에서 부여된 과제가 가정의 현실에 부적합한 경우도 발견할 수 있을 것입니다. 여하튼 어려움에 부딪힌 학습과제를 해결하는 첫 번째 단계는 우선 담임 선생님과 상의하고 그런 다음 교과 담당 교사와 상의하여 해결을 위한 계획을 세워 나가는 것입니다. 또한 때로는 팀별 과제에서 자신의 자녀만 너무 많은 부담을 안은 경우도 있습니다. 이런 경우도 교사와 이야기해 봐야 할 필요가 있습니다.

이 경우 유의해야 할 점은 교사의 말에 귀 기울여야 할 뿐만 아니라 부모의 생각을 분명하게 표현하고 교사의 이야기 역시 명확하게 이해해야 한다는 것입니다. 부모와 교사는 때로 학생을 보는 견해가 달라 비슷한 이야기를 다른 각도에서 할 수도 있어 서로의 이야기를 확인하고 분명히 하는 일은 학생을 위해, 교사와 부모 모두를 위해 매우 필요한 일입니다.

그런데 실제적으로 부모들이 담임선생님이나 다른 교사들과 직접 상담을 한다는 것이 그리 쉬운 일은 아닙니다. 학교에 좋은 일이 아닌 문제로 찾아가는 것 자체를 부담스러워하는 부모들이 대부분일 테니까요. 원칙적으로 학교란, 학생은 물론 학부모들에게도 개방되어 있는 곳입니다. 잘못된 인식과 전통이 부모님들의 발길을 자꾸 머뭇거리게 만드는 것입니다. 우리 자녀들에 대해서 가족들 외에 가장 오랜 시간 함께 생활하는 사람이 교사입니다. 때문에 자녀의 문제나 학습능력에 대해서도 가장 객관적으로 파악하고 있는 사람이 또한 교사입니다. 학습과제나 수행평가에 대해서 먼저 솔직하게 자녀의 상태를 알고 교사와 이야기할 수 있다면 우리는 좀 더 즐겁게 과제를 수행할 수 있을 것이고 이를 통해 새로운 학습의 기회를 가지게 될 수도 있을 것이라 생각합니다.

교사는(초등학교의 경우는 물론이고 중고등학교의 경우도) 오히려 부모보다 아이들과 대화할 수 있는 기회를 더 많이 가지고 있는 셈입니다. 물론 학생들을 대하는 교사의 태도나 관심에 어느 정도의 개인차는 있겠지만 많은 교사들은 학부모들이 내 아이에 대해 관심을 가지고 상담을 해 주면 아이를 이해하는 데도 큰 도움이 된다고 생각합니다. 쓸데없는 부담은 털어 버리세요. 세상이 아무리 바뀌었다 해도 우리 사회의 후학을 길러내는 교사들의 사랑은 아직도 살아 있다고 믿으니까요. 교사들과 부모들이 손잡고 자녀들의 교육에 열정을 함께한다면 우리의 아이들은 분명 자신의 과제를 스스로 해결해 가는 훌륭한 학생으로 자리 잡을 수 있다고 생각합니다.

Part 03

인간의
도리를 다하는
자녀로 키우자

Future

동양의 고전에서는 "가정을 통해 자신을 수양하고 부모와 형제를
공경하는 것이 천하 경영의 시작이다"라고 설파하고 있지요. 우선
부모는 자녀를 이해하고 서로 소통할 수 있어야 합니다. 자녀와의
대화는 이러한 소통을 위한 가장 중요한 도구랍니다. 자녀와의
대화에는 때로는 인내가 필요하며, 때로는 배려가 필요합니다.
흔히 우리가 '눈높이를 맞춰야 한다'고 말하는 것이지요. 부모는
자녀와 때로는 같이하고, 때로는 엄격하며, 때로는 칭찬하면서,
자녀의 일을 메모하고 곰곰이 되짚어 보아야 합니다.

3-1

내 아이와
친구 되기

- 내 아이의 첫 사회 '가정'
- 자녀와의 좋은 관계란
- 좋은 관계 형성을 위한 6가지 법칙

내 아이의 첫 사회
'가정'

가정은 한 인간이 태어나 자라는 곳이며, 그가 삶을 마감하는 장소입니다. 인간은 사회에서 일하며 새로운 가정을 꾸리기까지 대부분을 가정과 학교에서 보내게 되지요. 특히 가정에서 부모 형제와 함께 생활하면서 사회의 질서를 배웁니다. 동시에 스스로를 성찰하고 고쳐나갈 수 있는 능력을 기르게 됩니다. 이렇게 보면 가정생활을 통해 인간은 사회에 적응하고 동시에 직업을 갖고 일하면서 사회에 기여할 수 있는 능력을 키워나가는 것입니다.

가정이 인간의 삶과 교육에 얼마나 중요한 것인가는 이미 동서양의 많은 사람들이 언급한 바 있습니다. 예를 들어, 《대학(大學)》과 같은 동양의 고전에서는 "가정을 통해 자신을 수양하고 부모와 형제를

"라고 설파하고 있지요. '수신제
가치국평천하(修身齊家治國平天下)'는 이를 잘 나타내 주는 말입니다.
국가를 통치하든 사회적 성공을 이루든 이 모든 것의 핵심은 부모에
대한 존경과 친애, 형제에 대한 존중과 배려, 자녀에 대한 사랑과 같
은 가정의 도리에 닿아 있다고 여긴 것입니다. 예를 들어, 부모에 대
한 효는 공동체나 지도자와 관계를 형성하는 도리로 이어지고, 형제
에 대한 공경은 동료나 선후배에 대한 도리에 닿아 있으며, 자녀에 대
한 자애는 아랫사람이나 국민을 대하는 기본이 된다는 것입니다.

프로이트 같은 서양의 유명한 심리학자들도 가정에서의 인간관계
나 부적응 등이 신뢰와 자율의 형성에 커다란 영향을 끼친다고 여겼
지요. 가정에서 생겨난 억압된 욕구나 불쾌한 감정은 비정상적 성격
과 사회적 부적응으로 나타나며, 이루어야 할 여러 가지 과업 달성에
커다란 영향을 끼친다는 것입니다.

따라서 우리는 자녀가 인간의 도리를 다하면서 세상을 개척해 가
는 리더로 성장하도록 도울 수 있는 가정의 울타리를 만들어야 할 것
입니다.

자녀와의 좋은 관계란

가정에서 자녀와 좋은 관계를 맺는다는 것은 일반적으로 무엇을 의미할까요?

이는 사회에 나아가 성공적으로 생활하는 사람이 되도록 가정에서 제대로 교육하는 것이며, 동시에 바람직한 자녀교육이 이루어질 수 있도록 그 분위기를 조성하는 것을 의미합니다. 이는 세상의 진리를 탐구하고 뜻을 참되게 하고 마음 씀씀이를 바르게 하는 것이요, 나아가 자신을 수양하고 감정과 외양에 치우치지 않도록 하는 것이며, 친애와 존중과 공경 그리고 자애로서 세상을 대할 수 있는 사람으로 가정에서 자녀를 길러내는 것이라 할 수 있습니다.

또는 사람에 따라서는 자기의 자녀가 그렇게 자라 주었으면 하는 바람을 지닐 수 있으며, 그러한 방향으로 나갈 수 있게 도움을 줄 수 있는 분위기를 형성하는 것을 자녀와 좋은 관계 설정의 의미로 받아들일 수도 있습니다.

여러분은 자녀를 위해 얼마나 많은 기도를 하고 계신가요? 한국전의 영웅으로 우리에게 친숙한 더글러스 맥아더(Douglas. MacArthur : 1880~1964)는 자신의 염원이 듬뿍 담긴 기도문을 자녀에게 남겼다죠. 오늘밤 자녀를 위한 기도문 몇 구절씩을 써보는 건 어떨까요?

아버지의 기도

주여!

내 아이에게 약할 때 자신을 돌아볼 수 있는 여유와

두려울 때 자신을 잃지 않는 용기를 주옵소서!

정직한 때배에 부끄러워하지 않고 당당하며

승리에 겸손하고 온유할 수 있는 사람이 되게 하옵소서!

그를 요행과 안락의 길로만 인도하지 마옵시고

곤란과 고통의 길에서 항거할 줄 알게 하시며

폭풍우 속에서도 일어서는 의지의 소유자가 되게 하시며

때한 자를 불쌍히 여길 줄 아는 사람이 되게 하옵소서!

항상 마음을 깨끗이 하고

높은 이상을 갖게 하시며

남을 다스리기 전에 자신을 먼저 다스리게 하시고

내일을 내다보는 동시에 과거를 잊지 않게 하옵소서!

또한 생활의 여유를 갖게 하옵소서!

인생을 엄숙히 살아가면서도

삶을 즐길 줄 아는 마음과

교만하지 않는 겸손한 마음을 갖게 하옵소서!

참으로 위대한 것은 소박한 가운데 있음과

참된 힘은 너그러움에 있음을 새겨 알게 하옵소서!

그리고 어느 날, 그의 애비 된 저도

아이로 인하여 내 인생을 헛되이 살지 않았노라고

감사의 기도를 드릴 수 있도록 도우시옵소서!

자녀와 좋은 관계를 맺는다는 건 구체적으로 무엇을 의미하는 걸까요?

우선 중요한 하나는 자녀를 이해하고 서로 소통할 수 있어야 한다는 것입니다. 부모의 입장에서 자녀를 이해하지 못하고 의사소통에 실패한다면, 그 어떤 처방이나 묘안으로도 앞에서 언급한 바의 교육적 효과를 얻을 수 없습니다.

자녀와의 대화는 이러한 소통을 위한 가장 중요한 도구랍니다. 서로의 생각을 이야기함으로써 자녀를 더욱 잘 이해할 수 있게 됩니다. 물론 대화의 내용은 부모의 관심사일 수도 있고 자녀의 경험이나 흥밋거리일 수도 있습니다. 예를 들어, 학교성적 향상, 학원 다니기, 규칙적 생활, 친구 사귀기, 정리 정돈, 청결 위생, 절약, 정직, 성실, 자립, 인내, 예절, 언어 사용, 인사하기, 식사 습관, 우애, 어른 공경, 질서와 준법, 타인에 대한 배려와 봉사, 사회적 정의감 등이 부모들로서는 관심사항일 수 있겠죠. 자녀에게는 친구, 연예인 이야기, 즐겨하는 게임, 컴퓨터, 학교 선생님, 용돈 등이 관심거리일 것입니다.

어떤 주제로 이야기를 시작하더라도 부모는 자녀의 생활에 대한 대략적 개관과 그 특징을 이해할 수 있어야 합니다. 아이들이 학교와 가정에서 대략 어떤 일과를 보내는지에 대한 정보들뿐만 아니라 그들이 일반적으로 어떤 특성을 보이는지도 알아야 합니다. 흔히 오늘날의 청소년들을 특징 표현이 힘들다는 점에서 기성세대와 비교하여 X-세대[8]라 표현하기도 합니다. 또한 TV, 컴퓨터, 비디오 등의 영상물에 관심을 보이고 그 감각을 중시한다는 점에서 영상세대라 부르기도 하는데, 문자세대인 기성세대와는 감각, 가치관, 자기표현 등에서 커다란 차이가 있습니다. 또한 컴퓨터, 연예인, 유행에 깊이 빠진

다는 점에서 어떤 사람들은 오늘의 청소년을 몰입세대라 표현하기도
합니다.

　이같이 표면적으로 드러나는 특성과 함께 또 하나 이해해야 할 점
은 그들이 성숙의 과정에 있다는 점입니다. 따라서 기성세대와는 달
리 종합적으로 생각하는 능력이 떨어질 수도 있으며, 생각의 한계를
드러낼 수도 있지요. 뒤집어 말하면 자녀와의 대화에 때로는 인내가
필요하며, 때로는 배려가 필요함을 의미합니다. 흔히 우리가 ‘눈높
이를 맞춰야 한다’고 말하는 것도 이러한 점을 지적한 것입니다. 이
렇게 청소년의 특성을 전반적으로 이해하고, 학교와 가정에서 그들
이 어떻게 생활하는가를 파악해 두면 자녀와 대화할 수 있는 바탕이
되는 겁니다.

　소통과 더불어 자녀와 좋은 관계를 맺기 위해 필요한 다른 하나는
마음의 안정을 유지할 수 있게 해야 합니다. 사실 그 어떤 일도 마음
에 없으면 보아도 보이지 않고, 들어도 들리지 않으며, 음식이 있어
도 그 맛을 알 수 없는 것이지요. 또한 **화난 상태이거나, 두려움에 빠져
있거나, 불안하거나, 단순한 쾌락에 빠져 있거나, 우환으로 걱정을 하고
있으면 마음을 바르게 다스릴 수 없게 됩니다.**[9] 이같이 마음의 안정을
찾고 마음을 바로 할 수 있는 상태를 유지하는 것은 가정의 구성원들
끼리 좋은 관계를 유지하는 데에 매우 필수적인 것입니다. 사실 이렇
게 마음을 바르게 하여 자신을 수양하는 일은 모든 일의 근간이란 점
에서 참으로 중요한 삶의 자세입니다.

좋은 관계 형성을 위한
6가지 법칙

이제 여러분은 자녀들과 좋은 관계를 형성하려면 그들이 바르게 자라날 수 있는 토양을 가정에서 마련해 주어야 한다는 것을 아셨을 겁니다. 그 토양이란 자녀들이 매사에 치우침이 없고, 주변 사람들을 사랑하고 공경할 줄 알며, 자애와 배려로 세상을 대하는, 즉 '자신의 마음으로 남을 헤아릴 수 있는' 사람으로 성장해 갈 수 있는 기반을 말합니다.

그러면, 어떻게 이런 방향으로 이끌어갈 수 있을까요?

(1) 모범을 보이자.

우선 한 가지 언급할 수 있는 것은 부모 스스로 모범이나 시범을 보여 주어야 한다는 것입니다. 평소에 접하게 되는 부모의 행동은 자녀가 배우게 되는 교과서와 같습니다. 이를 통해 자녀는 자신도 모르게 삶의 자세와 태도를 익히게 됩니다. 예를 들어, 자녀는 가정에서 사용하는 존칭과 언어 습관을 그대로 따라하게 되며, 부모의 절약 습관을 그대로 익히게 될 것입니다. 자기 집 앞마당에 떨어진 이웃집 밤나무의 밤을 도로 이웃집으로 던져 넣은 퇴계 선생님의 행동에서, 자녀들이 '남의 물건을 어떻게 처리해야 하는가'를 보고 배웠음은 **잘 알려진 일화입니다.**[10]

(2) 대화하자.

다음으로 부모님이 할 수 있는 노력은 자녀와의 대화입니다. 대화의 중요성과 전제에 대해서는 이미 앞에서 말씀드렸으니 잘 아실 테지요. 듣고 말하는 대화의 과정을 통해 자녀는 부모와 인격적 교감을 경험하게 됩니다. 물론 어떤 경우에는 대화 도중 생각이 너무 달라 부모의 입장에서 화가 나기도 하고 답답하기도 할 것입니다. 그러나 앞에서 얘기한 아동·청소년 시기에 나타나는 자녀의 특성을 고려해 보면 부모의 인내가 매우 중요함을 언급하지 않을 수 없습니다. 자녀와 눈높이를 맞춰야 합니다.

이런 점에서 대화 도중 다음과 같은 말들은 피하는 것이 좋겠지요.

"공부도 못하는 주제에!", "내 친구 아이는 이번에도 1등 했다는데…", "멋 부리지 말고 공부 좀 해라", "너 커서 뭐가 될래?", "넌 TV가 친구지"와 같은 말들은 자녀의 자존심을 상하게 하거나 화나게 합니다.

또 "아무도 없는데 어때", "공부만 잘해라. 다 해줄게"와 같은 말을 하거나, 부모님이 자주 약속을 어기고 거짓말을 하고 원인이나 과정은 무시한 채 결론에만 집착하는 모습을 보이면, 자녀는 잘못된 가치관을 형성할 수밖에 없습니다.

또 우리 부모님들이 흔히 하는 말인 "다, 널 위해서야", "계속 그러면 놔두고 갈 거야", "너 나가", "한 번만 더 그래라, 가만두지 않을 거야", "말 듣지 않으면 집에서 쫓아낼 거야"와 같은 말들은 자녀에게 마음의 부담을 주거나 반항심을 불러일으켜 대화가 교감으로 이어질 수 없게 할 것이며, 때로는 자녀와 분쟁으로 이어지게 될 것입니다.

(3) 칭찬은 고래도 춤추게 한다.

자녀의 행동에 대해 되도록 많이 칭찬해 주는 것은 자녀와의 관계를 원만하게 해 주고 긍정적으로 생각하게 해 주는 명약 중의 명약입니다. 사실 마음이 약한 사람에게 칭찬은 의욕을 북돋아 주고 자신감을 지니게 하는 지름길입니다. 물론 칭찬은 결과보다는 그 과정에 더 관심을 두어야 하겠지요.

"좋은 성적을 받은 네가 대견하다"고 말하는 것보다는 "그동안 열심히 공부한 네가 대견하다"고 칭찬해 주고, "참 예쁘구나"라고 하기보다는 "자신을 가꾸려 노력하는 것이 가상하다"고 칭찬하는 것이 더 바람직할 것입니다. 또한 때늦은 칭찬은 의도적이라 의심받을 수 있으니 행동이 있은 후 적절한 시점을 택하여 곧바로 칭찬을 해야 더 효과적이랍니다. '모든 일에는 때가 있다'는 것을 잊지 마세요.

(4) 되도록 자녀와 함께하자.

또한 스킨십과 더불어 놀이나 체험을 함께하는 것 역시 중요한 학습 과정입니다. 부모를 모시고 어른을 공경하는 일에 함께 참여하는 것은, 자녀에게 효를 생각할 수 있는 기회를 제공할 것입니다. 장례나 제사와 같은 전통적인 가족 의례를 같이 하는 것은 자녀들에게 삶과 죽음에 대한 사회적 시각을 갖게 할 것입니다. 이런 과정들을 함께 겪은 자녀들은 놀랄 만큼 성숙해질 것입니다. 더불어 가족 구성원으로서 지니는 연대의식은 물론 형제애 또한 더욱 강해질 것입니다. 동시에 이러한 과정을 통해 다른 사람들과 협력해서 일을 성공시킬 수 있는 능력을 키우게 될 것입니다.

(5) 자녀의 일을 메모하자.

자녀와 좋은 관계 맺기 비법을 하나 더 말씀드리자면, 자녀의 모든 것을 기록하는 일지를 만들자는 것입니다. 자녀와 관련된 중요한 사항을 항상 기록하고 메모해 두면 부모 스스로에게 반성의 기회를 제공해 주기도 하고, 때로는 자녀에게 해야 할 중요한 일을 기억하게 할 것입니다. 자녀의 생활사(학교와 가정)에서 중요한 일, 참석해야 할 가족 행사, 친구관계, 자녀가 중요하게 생각하는 사항, 서로 대화로 해결해야 할 문제, 우연히 전해들은 입시 정보, 직업과 진로 등 현재와 미래의 자녀에게 필요할 수 있는 사항을 메모하여 기록으로 남기는 것은 체계적으로 자녀에게 접근하는 아주 좋은 방법이 될 것입니다.

(6) 때로는 엄격하게 가르치자.

훈육 역시 전통적으로 자녀와 좋은 관계를 유지하는 방법으로 널리 사용되어 왔습니다. 지속적인 훈육은 자녀의 심성을 순화하고 안정시키며 자신에게 닥친 문제에 대해 깊이 생각하게 만들지요.

이러한 훈육에 사용할 수 있는 뛰어난 자료들은 얼마든지 찾을 수 있습니다. 조선시대 실학자 이덕무의 《사소절(士小節)》이나 전해오는 '양아십법(養兒十法)'[11]은 시대를 뛰어넘는 훌륭한 훈육 자료이며, 율곡 선생의 가문에 전해지는 '훈요17조', 유대인의 《탈무드(Talmud)》[12] 역시 대표적인 훈육의 예를 제시한 자료들입니다. 예를 들면, 탈무드에서는 강한 사람을 '자기를 억제할 수 있고 적을 벗으로 만들 수 있는 사람'이라 적고 있습니다.

우리들 평범한 가정에서도 부모의 바람을 보여 주는 훈육 조항을 만들어 자녀들이 명심할 수 있게 하면 좋은 관계를 맺는 하나의 비결이 될 것입니다. 어떤 가정에서는 "지나가는 시간은 결코 돌아오지 않는다"는 점을 역설해 시간의 소중함을 자녀에게 일깨워 주려고 노력한다 하더군요. 사실 모든 일이나 세상사가 시간의 흐름 속에 있는 것이어서 시간을 아끼고 소중하게 생각하는 것은 사람을 부지런하고 성실하게 하며 자신의 삶을 소중하게 여길 수 있게 할 것입니다.

지금까지 훈육과 관련하여 주로 자녀에게 주는 메시지 위주로 생각해 보았지만, 다음은 부모에게 주는 메시지로, 미국 텍사스 주 휴스턴 경찰국이 '잘못된 자녀를 만드는 10가지 사항'을 제시한 것이 있어 잠깐 소개하고 넘어가겠습니다. 부모가 어떻게 행동해야 할 것

인가는 자녀의 행동 못지않게 아주 중요합니다. 다음에 소개하는 10
가지 사항은 역설적인 표현이지만 많은 도움이 되실 겁니다.

[잘못된 자녀를 만드는 10가지 사항]

01 아주 어려서부터 자녀가 갖고 싶어 하는 것은 무엇이든지 다 주어라. 그러면 그 아이는 온 세상 모든 것이 다 자기의 것이 될 수 있다고 오해하면서 자랄 것이다.

02 자녀가 나쁜 말을 할 때면 그냥 웃어 넘겨라. 그러면 자기가 재치 있는 아이인 줄 알고 더욱 악한 말을 하게 될 것이다.

03 신앙적으로 도덕적으로 어떠한 교육이나 훈련도 시키지 말고 스스로 알아서 하게 내버려 두어라. 그러면 고상함은 사라지고 동물적 본능만 강렬하게 나타날 것이다.

04 잘못된 품행을 나무라지 말고 그냥 두어라. 그러면 자동차를 훔치고 교도소에 갇혀서 사회의 비난을 받게 될 것이다.

05 자녀가 정돈하지 않는 이불, 옷, 신발 등을 정리해 주어라. 그러면 자기의 책임을 다른 사람에게 미루는 버릇없는 사람이 될 것이다.

06 텔레비전 프로그램이나 책, 그림 등 어떤 것이든 마음대로 보게 하라. 그러면 그 마음은 쓰레기통이 될 것이다.

07 자녀들 앞에서 자주 싸워라. 그러면 이다음에 그들의 가정이 깨져도 당연한 것으로 여길 것이다.

08 용돈은 달라고 하는 대로 얼마든지 주어라. 그러면 살아가는 동안 쉽게 부패하고 타락하는 길을 걷게 될 것이다.

09 먹고 싶다는 것은 다 먹이고, 마시고 싶다는 것도 다 마시게 하라. 그리고 좋아하는 것은 무조건 다 해주어라. 그러면 한 번만 거절을 당해도 곧 낙심해서 극단적인 행동을 하게 될 것이다.

10 자녀가 교사나 아껴주는 사람과 의견이 대립될 때는 언제나 아이의 편이 되어 주어라. 그러면 건전한 사회가 모두 그 아이의 적이 될 것이다.

옛말에 "친구 따라 강남 간다"는 말이 있는 것처럼, 친구는 학업 성적이나 절제력, 정서 안정에도 크게 영향을 미치는 정말 '중요한 타자'입니다. 물론, 좋은 친구를 사귀는 데에는 믿음과 신뢰, 이해와 너그러움, 예의와 정서적 안정이 매우 중요하지요. 그런데 이렇게 친구와 사귀고 갈등을 해결하는 과정은 사실 사회적으로는 리더십을 기르는 과정이기도 합니다. 신뢰와 믿음, 이해와 갈등 해결은 곧바로 지도자의 자질이기 때문이지요. 이러한 점에서도 친구 사귀기는 부모가 자녀에 대해 예의 주시하면서 도움을 주어야 할 사항입니다.

자녀는 또래와 함께 성장한다

- 친구는 왜 중요한가?
- 친구 사귀기
- 친구관계에도 노력은 필수
- 갈등 허결
- 친구 사귀기와 부모의 역할

친구는 왜 중요한가?

일반적으로 한 개인은, 자신이 속한 사회의 구성원으로 자리 잡기 위해 사회생활에 필요한 능력과 태도, 자신이 어떤 위치에 있는지, 어떤 역할을 해야 하는지, 무엇을 소중하게 여겨야 하는지, 어떤 것들을 하지 말아야 하는지 등을 익혀야 합니다. 이러한 과정을 우리는 흔히 '사회화(socialization)'라 부릅니다. 먼저 사람들은 어린 시절에 이러한 과정을 밟게 되며, 시민으로서 해야 하고 지켜야 할 여러 가지 역할과 규범을 습득하게 되는 것입니다.

또한 계속되는 사회화의 과정 중에서 어린 시절 경험하고 겪으면서 배운 것들이 중요한 역할을 하게 됩니다. 사실 어린 시절에 익힌 습관과 스타일은 몸에 배어 직장생활에서도 거의 자동으로 드러나는 경우가 많습니다. 우리가 회사에서 친구를 사귀거나 일할 때 어릴 적 가정과 동네에서 경험한 내용들이 자기도 모르게 나타나는 것도 이 때문입니다. 이 점에서 어린 시절의 경험은 한 개인의 이후 생활을 추측할 수 있게 하며, 행동의 특성을 형성하는 데에 결정적인 역할을 하게 됩니다. 어린 시절은 정말 '중요한 때'인 셈이지요.

이렇게 중요한 어린 시절의 경험 과정에서 개인의 심리적, 사회적 혹은 신체적 발달에 커다란 영향을 끼치는 사람(또는 그 어떤 것)들이 있습니다. 아버지, 어머니, 형제, 선생님, 친구들이 그렇습니다. 어떻게 보면 이러한 사람들은 그 개인으로서는 자신이 어떻게 선택할 수 없는, 이미 정해져 있는 존재들입니다. 부모나 형제 또는 가족이 사는 지역에서 만나는 친구들은 운명적인 만남이지 내가 고르는 게 아닙니다. 이렇게 한 개인이 사회적으로 성장하는 데 그 주위에 있으면서 동시에 결정적인 영향을 끼치는 존재들을 흔히 **'중요한 타자 (Significant others : G.H. Mead의 개념)'**[13]라 합니다.

특히 앞에서 언급한 중요한 타자(개인의 행동이나 자존심에 큰 영향을 미치는 사람)들 가운데에서 동성 친구는 자녀들의 행동 발달에 매우 중요한 영향을 미칩니다. 같은 또래와 잘 사귀는가, 어떤 친구들과 사귀는가에 따라 성적이나 자신에 대한 절제력, 정서적 안정이나 자존감, 스트레스, 비행(非行) 행동 등이 크게 달라집니다. 뿐만 아니라 친구 사귀기는 학교생활에 적응하는 데에도 매우 중요합니다.

이러한 사실을 뒷받침해 주는 다음의 연구 결과를 보면 쉽게 이해되실 겁니다.

[자녀의 행동발달과 친구의 역할]

예1 친구가 많은 아동이 그렇지 않은 경우보다 더욱 협동적이고 친절하며 자기 존중감이 높고 사회에서 존경받을 수 있도록 행동했다.

예2 스스로를 통제하면서 열심히 공부하는 데에, 비슷한 행동을 하는 친구는 매우 긍정적인 영향을 준다.

예3 가족 내의 갈등으로 인한 정서불안이 또래 친구의 도움으로 크게 진정되는 효과가 있다.

예4 스트레스를 해소하는 데에 친구의 도움이 결정적이라 말하는 아동들이 절반 이상이다.

예5 비행(非行)을 저지르는 청소년의 경우 그 원인이 상당수 친구에게 있었다는 보고가 있다.

예6 친구관계가 서로 도움을 주고 만족스러울수록, 학교에 대한 태도 역시 긍정적이었으며, 학교를 좋아하는 데에 기여했다.

예7 만족스러운 친구관계는 신뢰와 안정 및 정서적 지지를 통해 학교에서 겪는 어려움을 극복하는 데 도움을 주었다.

옛말에 **"친구 따라 강남 간다"**[14]거나, "그 사람의 됨됨이를 보려면 친구를 보라"는 말이 있습니다. 이 말은 인간의 행동 발달에 끼치는 친구의 중요성을 잘 지적한 것이라 여겨지네요. 앞에서 잠시 언급한 바와 같이, 아동 청소년기의 친구관계가 성인이 되고 난 후에도 사회적 적응에 크게 영향을 미친다는 점을 감안하면, '중요한 타자'로서 친구의 의미는 충분히 강조되어야 할 것입니다.

여기서 단순한 또래 집단과 친구를 용어상 구분할 필요가 있겠군요. 또래 집단은 비슷한 연령대의 동일한 상황이나 장소에서 같이 지내게 되는 집단을 의미합니다. 학교에 가면 자기 학급과 학년에는 많은 '또래'들이 있습니다. 이때의 '또래 친구'들은 또래 집단에 속합니다. 물론 아동·청소년기에 또래 집단 역시 행동발달에 크게 영향을 줍니다. 같은 또래들로부터 인정을 받는 아동·청소년일수록 정서적으로 안정되고 사회에서 환영받는 행동을 하며 자신을 긍정적으로 생각하는 것으로 알려져 있습니다. 이런 점에서 보면 같은 학교나 지역의 또래들로부터 인정받을 수 있어야 함도 아동·청소년기의 행동발달에 매우 중요하다고 할 수 있습니다.

그런데 이러한 또래 중에서 아동·청소년에게 특별히 중요한 타자가 바로, 이 글에서 주로 이야기하는 '친구(親舊)'입니다. 대부분의 아동·청소년들은 서로 만족할 만한 관계를 형성하는 몇 명의, 또는 한두 명의 또래들과 특별한 관계를 맺게 되는데, 이를 **'친구 또는 친구관계'**[15]라 정의할 수 있습니다. 이들 친구들은 오래 사귀어 정답고 뜻을 같이하는 경우가 많으며, 흔히 우정이라 부르는 관계로 발전하게 됩니다.

이러한 친구관계는 수직적이고 일방적인 부모관계와는 많이 다릅니다. 이는 자발적이고 평등하며 서로 돕고 같이 지내는 데에 필요한 규범을 공동으로 만들어 가는 관계라 할 수 있지요. 이렇게 친구관계를 맺으면 서로의 친밀감을 확인하고, 어려울 때에 서로 도와주는 건

어쩌면 당연한 것인지도 모릅니다.

　　물론 이러한 친구관계는 아이가 성장하면서 조금씩 그 초점이 달라질 수는 있을 것입니다. 앤 설리번(Anne Sullivan)에 의하면, 보통 중학교 시기까지는 단짝관계가 형성되고 이들과 사적이고 은밀한 정보를 주고받으며 신의에 입각한 우정을 나누게 되며, 고등학교 시기에는 자신의 성숙을 바탕으로 이성에도 눈을 돌리며, 새로운 유형의 대인관계를 만들게 되는데, 취미·종교·관심사에 따라 다양한 친구관계를 형성하게 된다고 합니다. 그리고 이후 대학생활과 직장에서는 관계의 폭과 질이 크게 넓어지면서 다양한 기준에 의한 친구관계가 형성되고 인간관계가 중요해집니다.

　　여하튼 인간의 삶에서 친구와는 참으로 큰 영향을 주고받게 됩니다. 독일의 서정 시인인 하이네(Heinrich Heine, 1797~1856)가 좌절의 상황에서도 용기와 희망을 불어넣는 시를 쓰고 때로는 급진적인 성향을 보인 것은 그의 친구인 사회주의자 마르크스(Karl Marx, 1818~1883)의 영향이 컸다는 점은 잘 알려진 사실입니다. 또한 조선시대의 전반기에 선비정신을 대표했던 조식(曺植, 1501~1572 : 호는 남명(南冥)) 선생은 어릴 적 친구인 이준경(李浚慶 : 호는 동고(東皐))이 보내준 《심경(心經)》을 '마음을 죽지 않게 하는 보약'으로 받아들여 사람답게 살 수 있는 길을 이 책에서 얻고자 했다고 전해집니다. (참고 : **《심경》의 끝부분에 적은 글**)[16]

친구 사귀기

　　상대방과 신뢰와 성숙으로 맺어져서 오랜 기간 서로 친밀하게 지내는 친구는 우리의 인생에 매우 중요한 의미가 있다는 점을 앞에서 충분히 언급했습니다. 그러면 이러한 친구는 어떻게 형성되고 그 관계가 발전하는 것일까요?

　　몇몇 조사에 의하면, 같은 또래 중에서도 금세 친구로 호감을 갖게 되는 이유와 전혀 호감이 가지 않는 이유가 분명하게 밝혀집니다. 조사 결과, 아주 어릴 적에는 일종의 파벌을 만들어 같은 파에서 주로 친구를 삼게 되지만, 나이가 들면서 유사한 특성이 있거나 신뢰할 수 있는 또래에게 주로 호감이 가는 것으로 나타났습니다. 또 자신에게 먼저 호감을 표현하거나, 서로 도울 수 있는 사이, 너그러워 보이는 또래에게 호감을 표시했으며 친구 사이의 순수성 또한 중요하게 생각하고 있음을 알 수 있습니다. 한 가지 특징적인 점은 초등학교 연령에서는 외모도 비교적 중시한다는 점입니다.

한편 친구로 사귀고 싶지 않거나 호감이 가지 않는 이유에 대해서도 몇 가지는 분명하게 밝혀져 있습니다. 많은 아동·청소년들이 자신과는 너무 다르거나 믿음이 가지 않을 때, 말이나 행동을 공격적으로 하거나 혐오스러운 행동을 할 때, 자신의 이익을 너무 챙기거나 속물근성을 드러낼 때, 남을 험담하거나 무례하게 행동할 때, 그리고 정서적으로 불안해할 때라고 답했습니다.

호감을 갖게 되거나, 혹은 사귀고 싶지 않은 이유로 제시한 것들을 자세히 들여다보면 몇 가지 재미있는 사실을 발견하게 됩니다. 그것은 바람직한 친구관계를 형성하는 데에 믿음과 신뢰, 상대에 대한 이해와 너그러움, 예의와 정서적 안정이 매우 중요한 역할을 한다는 점입니다.

친구관계 형성에 매우 중요한 요소인 믿음과 신뢰는 일상생활 속에서 자연스럽게 드러납니다. 또래들과의 학교생활이나 기타 활동에서 약속을 잘 지키고, 되도록 말과 행동을 같이 하며, 자신의 생각과 행동을 이유 없이 자주 바꾸지 않는 것 등은 그 사람이 참되고 성실하다는 것을 증명해 줍니다. 동시에 이러한 행동들은 서로에게 믿음과 신뢰를 형성하는 바탕이 됩니다.

대부분의 경우 아동·청소년들은 서로 다른 가정환경과 경제적, 지역적, 문화적 환경을 지니고 있습니다. 이 또래들이 서르 만나 좋은 관계를 형성하기 위해서는 먼저 상대와 나의 차이부터 이해해야 하겠지요. 상대방이 알아들을 수 없는 말이나 이상한 행동을 하더라도 무조건 배척하기 이전에 자세히 물어봐야 하며, 상대를 긍정적으로 생각해 보려는 태도가 아주 중요합니다. 이렇게 하면 상대에게 너그럽게 되고, 서로 도울 수 있다고 생각하게 될 것입니다. 신뢰 역시 이러한 과정에서 만들어지게 됩니다. 동시에 이러한 자세는 어떠한 차이도 이해하고 수용하는 바탕이 될 것입니다. 그러면 서로 말이 통한다고 생각할 것이며, 자신과 비슷하다고 여기게 되겠지요. 이러한 동류의식은 친구관계가 형성되고 우정이 싹트는 기반이 될 것입니다.

동시에 이러한 생각은 "자신이 하고 싶지 않은 것을 남에게 하지 마라(기소불욕 물시어인 : 己所不欲 勿施於人)"는 말과도 통합니다. 이 말은 《논어 위령공편(論語 衛靈公 第十五)》에 나오는 구절로, "평생토록 행할 만한 것이 있는가"라는 자공(子貢)의 질문에 대해 공자(孔子)께서 이렇게 답을 하신 거지요. 어진(恕 : 어짊, 용서, 깨달음) 사람이 갖춰야 할 핵심은 바로 '자신에 미루어 남을 생각하는 것(추기급인 : 推己及人)'입니다. **"자신을 먼저 수양하고 내면에 선(善)함을 지닌 후에야 그것을 남에게 이야기해야 할 것이며, 자신에게 나쁜 점이나 잘못한 점이 없고 나**

서야 남을 비난할 수 있어야 할 것입니다."[17] 이러한 자세를 지니게 되면 또래와의 관계에서 환영받는 사람이 될 뿐만 아니라 사회적으로 인정받는 사람이 될 것입니다.

여기에 더불어 예의를 지키고 정서적인 안정을 유지하는 일 역시 인정받는 친구가 되는 데 매우 중요한 요건입니다. 공격적이거나 무례하지 않으면서 차분하게 행동하는 아이에게 같은 또래들이 호감을 느끼는 것은 당연한 일이지요. 예의는 집단이나 조직의 질서를 유지해 주며 구성원 사이의 조화를 이루게 합니다. 차분한 태도는 상대에게 안정감을 주고 신뢰할 수 있는 사람이란 느낌을 갖게 합니다.

친구관계에도
노력은 필수

물론 한번 형성된 친구관계가 더욱 깊어지기 위해서는 끊임없는 자신의 노력이 무엇보다 중요합니다. 기회를 보아 자신의 생각이나 느낌, 자신의 어려움 등을 주제로 자신을 상대에게 알리려는 노력도 필요할 것입니다. 물론 상대의 생각을 알아보고 공감하려는 자세도 필요할 것입니다. 또한 상대와 대화하는 과정에서 상대의 말과 의견을 경청하고 끝까지 잘 들어 주는 자세도 필요하겠지요. 이러한 경청은 특히 상대에게 자신이 존중받고 있다는 느낌을 주며, 신뢰를 심을 수 있기 때문에 매우 중요한 대화의 자세입니다.

때로는 자신의 의사를 확실히 전달하되, 상대의 자존심을 세워 줄 수 있는 묘안을 궁리해 보는 것도 필요합니다. 예를 들어, "너는 ○○하지 마라"는 방식의 화법보다는 "나는 네가 ○○했으면 좋겠다"는 식의 표현이 상대를 존중하면서도 자신의 생각을 명확히 표현하는 의사소통 기술이 되겠지요.

친구관계의 발전에 도움이 되는 몇 가지 규칙 중 앞에서 미처 애기하지 못했던 부분을 잠시 소개하고 넘어갈까 합니다. 그중 하나는 불건전한 것이 아니라면 친구의 사생활을 전적으로 존중해 주고, 도움이 필요해 보일 때에는 자발적으로 도움의 손길을 내밀어야 한다는 것입니다. 또한 친구를 비난하지 않으며, 옆에 없을 때에도 다른 사람들에게 친구를 칭찬해 주려 노력해야 합니다. 동시에 친구가 베풀어 준 친절이나 고마움에 감사하며, 기회가 되면 꼭 보답해야 한다는 것입니다.

갈등 해결

그런데 친구관계는 항상 우호적으로만 존재하는 것은 아닙니다. 때로는 여러 가지 일로 갈등을 겪게 됩니다. 서로 많이 알게 되고, 기대치가 높아지게 되면 실망도 커질 것이기에 갈등은 어쩌면 당연히 생겨날 수밖에 없는 것일지도 모릅니다. 일반적으로 의기소침과 자신감 부족, 일방적 관계, 서로의 상이한 기대치, 성격과 가치관의 차이, 표현의 부족과 오해 등이 갈등의 요인으로 지적되고 있습니다.

여기서 갈등 그 자체는 사실 문제가 아닙니다. 오히려 일어날 수밖에 없는 갈등을 어떻게 극복할 것인가가 더 중요하지요.
흔히 생각할 수 있는 몇 가지 갈등 해결 방식이 있습니다.

그 첫 번째는 절충과 협력입니다. 이는 공평하게 만족스러운 방향으로 서로 노력하는 것입니다. 이러한 노력이 있은 뒤에는 양자 간에 긍정적인 관계가 더욱 높아질 것입니다.

두 번째는 양보입니다. 쉽게 말해 친구의 관심사를 충족시키기 위해 자신의 것을 포기하라는 말입니다. 그러나 이 방법은 갈등을 금방 해결할 수는 있지만, 그 후 친구에 대한 불만이 쌓일 수 있다는 점에서 좋은 해법은 아닌 것 같군요.

다음 세 번째는 지배입니다. 이는 자신의 관심사를 관철시키려고 노력하는 것이며, 상대가 응하지 않을 때에는 더욱 심각한 갈등을 겪게 될 것입니다.

네 번째는 회피입니다. 이는 갈등을 해결하지 않고 모른 척하면서 피하는 것입니다.

일반적으로 연령이 높을수록, 그리고 긍정적 관계에 있는 친구 사이에서는 절충과 협력이 주로 일어나는 것으로 알려져 있습니다. 그런데 초등학생이나 일부의 중학생 등 아동기나 청소년 초기에는 흔히 자신의 요구에 집착하여 지배의 방법을 많이 사용하는 경향이 있습니다. 이는 아동 및 청소년 초기의 학생들에게 공평한 갈등 해결의 중요성을 알려주고, 그렇게 할 수 있는 인간관계 기술을 익히도록 도와주는 것이 필요함을 말해 줍니다.

앞에서 친구를 사귀고 갈등을 해결하면서 그 관계를 발전시켜 나가는 과정에 대해 언급한 바 있습니다. 그런데 이러한 과정은 사실 사회적으로는 리더십(leadership)을 기르는 과정과도 일치합니다. 신뢰를 쌓고, 자신에 비추어 상대를 대하며, 대화의 기술을 익히며, 갈등을 해결하는 능력을 키우는 것은 곧바로 지도자의 자질이기 때문입니다. 이러한 점에서도 친구 사귀기는, 부모가 학교에 다니는 자녀에 대해 예의 주시하면서 도움을 주어야 할 사항입니다.

친구 사귀기와
부모의 역할

일반적으로 어머니의 지지를 많이 받을수록 친구관계도 더욱 긍정적으로 된다는 것은 이미 잘 알려진 사실입니다. 이러한 점이 아니더라도 자녀의 친구에 대한 부모의 평가와 태도가 '자녀의 친구 사귀기'에 커다란 영향을 끼칠 것이란 점은 분명해 보입니다. 흔히 부모들은 이러한 점에서 자녀에게 좋은 친구를 골라서 사귀라고 충고를 하지요.

그런데 많은 경우 부모들은 나중에 커서 득이 될 친구를 사귀기를 원할 뿐이지, 친구의 역할이 다른 사람과 서로 도울 수 있는 관계를 형성하고 사회적 자신감을 심어 주는 기능을 수행한다는 점은 소홀히 하는 경향이 있는 것 같습니다. 학교에서 따돌림을 당하거나 괴롭

힘을 당하는 학생들은 친구관계가 부족하거나 또래 집단에서 인정받지 못하는 경우가 많다는 점에서도 친구관계는 자녀의 사회적 능력 향상에 밀접하게 연결되어 있음이 분명합니다.

이러한 관점에서 앞서 언급한 친구 사귀기에 중요한 몇 가지 점들을 가정에서 도와주는 것은 자녀의 사회성 발달에 매우 중요한 일이 될 것입니다.

예를 들어, 너무 이기적이거나 자기주장만을 내세우는 자녀라면 가정에서 좀 더 인정받는 분위기를 만들어 주거나 실수를 인정해 주는 노력을 할 필요가 있습니다.

반면 마음이 약하고 소극적인 자녀의 경우에는 부모가 자녀와 관련된 모든 결정에 너무 관여하거나 압도하여 자녀를 위축시켰을 수 있으므로 자녀의 부족한 의견도 수용하고 존중하는 분위기가 필요합니다.

그리고 또래 아이들과 잘 어울리지 못하며 어떻게 어울려야 할지 잘 모르는 경우에는 가족 모임이나 친족 행사에 자녀와 같이 참여하여 다양한 경험을 하게 하거나, 또래들이 즐겨하는 유행이나 쇼 프로 등에 대해 이해하고 관심을 갖는 태도가 필요합니다.

아이들은 초등학교와 중학교를 거치면서 신체적으로, 정서적으로, 인지적으로 커다란 변화를 겪게 됩니다. 이러한 아이들이 제 길을 가게 하기 위해 부모는 어떻게 해야 할까요? 가장 먼저 자녀를 존중하고 사랑으로 대화하는 것이 무엇보다 중요합니다. 다른 한편으로는 해야 할 일과 하지 말아야 할 일을 엄격히 구분해서 제한해야 하며, 때로는 자녀로서의 의무에 대해서도 분명하게 말해야 합니다. 또 자녀가 되도록 많은 것을 경험하는 것은 자녀의 흥미와 재능, 그리고 자아 정체성의 형성에 바람직한 영향을 끼칠 것입니다.

몸과 마음의 변화를 경험하는 내 아이

- '차이'에 대한 진지한 고민 : 신체의 변화
- 사소한 것에도 민감해지는 시기 : 정서의 변화
- 생각의 높은 도약 : 인식의 변화
- 부모가 도와야 할 일은?

대략 초등학교 고학년에서 중학교 시기를 거치면서 아이들은 커다란 변화를 겪게 됩니다. 이 시기를 흔히 우리는 사춘기라 부릅니다. 물론 구체적으로 어떻게 변화하는가는 아이의 생물학적 특성이나 가족·친구 등 주위 환경의 영향을 받을 것입니다. 여기서는 일반적으로 신체적인 측면, 정서적인 측면, 인지적인 측면에서 자녀의 대략적인 변화를 생각해 보겠습니다.

'차이'에 대한 진지한 고민
: 신체의 변화

사춘기에 접어들면서 아이들은 크기와 모양 등 여러 측면에서 신체적인 변화를 경험하게 됩니다. 키가 커지고 몸무게가 불어나는 등의 변화 외에도 성(性)적인 측면에서 겨드랑이나 음부의 변화를 비롯하여 가슴과 생리 등 많은 변화가 일어납니다. 물론 이러한 변화는 사람에 따라 다르며, 남녀 사이에도 차이가 있습니다. 일반적으로 여성의 경우에 이러한 변화가 조금 일찍 오는 것으로 알려져 있기도 합니다.

이 시기의 아이들에게 나타나는 또 하나 특징적인 것은 외모나 자신의 신체 이미지에 대한 관심입니다. 키가 작은 것, 너무 마른 것, 비만, 왜소하거나 연약한 것 등에 대해 걱정하거나 불만스럽게 생각하기도 하고 때로는 신체적 불균형에 대해 우려하기도 합니다. 뿐만 아니라 이러한 신체적인 관심이 때로는 삶의 다른 부분에 영향을 끼치기도 합니다. 친구들보다 좀 더 빨리 건장해진 아이는 가끔 운동 경기에서 우위를 자랑하기도 하고 이를 자신의 장점으로 오해하기도 하는 것은 그 예에 속합니다.

그런데 어떤 때에는 이러한 신체적인 변화가 고민거리를 만들기도 하며, 매우 비정상적인 생각을 하게 하기도 합니다. 손발이 팔다리보다 빨리 자라 부조화의 문제로 고민하기도 하며, 신체적 성숙 속도가 느림을 열등한 체격이라 오해하여 비관하기도 합니다. 이러한 고민과 비관은 신체적 성장 속도에서 개인적인 차이가 있는 것이 오히려 정상적인 것임을 인식하지 못한 결과이기도 합니다.

끊임없이 변화하고 성숙해 가는 자녀들을 바라보는 부모들은 항상 그들의 모습을 칭찬해 주고 받아들여 주어야 합니다. 신체의 변화는 누구를 막론하고 겪게 되는 가장 큰 성장의 징표이기도 합니다. 또 조그마한 신체적 차이는 모두가 가지고 있는 자신만의 특징으로 인식하게 해 주어야 합니다. 이제는 내 자녀가 정말 어른이 되어 간다는 사실을 당연하게 인정해 주며, 다만 신체적 성장만으로는 바람직한 어른이 될 수 없음도 알게 도와주어야 합니다.

사소한 것에도 민감해지는 시기
: 정서의 변화

아이들은 성장하면서 정서적으로도 여러 변화를 겪게 됩니다. 학년이 올라갈수록 성을 잘 내기도 하고 분위기에 흔들리기도 하며, 때로는 미래에 대해 불안해하기도 합니다. 또한 자신의 주변에서 일어나는 일에 대해 크게 걱정하기도 합니다. 학교 성적이나 자신의 외모, 친구가 없는 것, 학교에서 당한 따돌림, 집안의 가난, 부모의 이혼 등에 대해 과도하게 걱정하며 너무 민감하게 반응하기도 합니다.

나아가 자아의식도 매우 강해져서 가끔 자기 자신에 대해 지나치게 민감해지기도 합니다. 자신의 결점에 대해 매우 민감하지만 이를 다른 사람에게 알리고 싶어 하지도 않습니다. 머리를 제대로 손질하지 못했다고 생각하면, 집안의 손님에게도 인사조차 하지 않으려 하고 작은 여드름 때문에 친구들과의 약속을 취소하기도 합니다. 또한 자신의 느낌은 자신만이 느낄 수 있는 유일한 것으로 착각하기도 하며, 그 누구도 자신을 이해할 수 없다고 생각하고 때로는 고독감과 외로움에 휩싸이기도 합니다.

감정의 기복도 심해져 행동이 불일치해 보이기도 합니다. 행복한 느낌과 슬픈 느낌이 순식간에 교차하기도 하며, 깍듯이 인사하곤 했던 친척들에게도 예의에 어긋나는 인사치레를 해 부모들을 당혹스럽게 하기도 합니다. 이러한 이유로 어떤 사람들은 이러한 시기를 '제2의 유아기' 또는 '질풍노도의 시기'라 부르기도 합니다.

그러나 그러한 변화무쌍하고 과격하기까지 한 여러 말이나 행동이 그 자체로 문제가 되는 것은 아닙니다. 부모들은 자녀들의 생소한 변화를 자연스럽게 받아들이고, 사소한 것은 모른 척해 주기도 해야 스스로 판단할 기회를 가지고 성장할 것입니다. 또 다른 아이에 비해 지나치다고 생각이 들면 반드시 함께 의논해서 부딪친 문제를 풀고 갈 수 있도록 도와주어야 합니다. 지나친 간섭도, 지나친 무관심도 자녀들에게는 상처가 될 수 있습니다. 가장 힘든 부모의 과제이지만 현명한 대응이 우리 자녀를 제대로 키울 수 있는 거름이 된다는 사실을 절대 잊으면 안 된다는 것입니다.

생각의 높은 도약
: 인식의 변화

신체적 변화나 정서적 변화와 더불어 인지의 측면에서도 아이들은 커다란 변화를 겪습니다. 즉 생각하는 방식에서 커다란 도약이 이루어지는 것이지요. 다른 관점이나 다른 사람의 견해를 더욱 잘 이해할 수 있으며, 개념을 연결하여 생각하기도 하고, 직접 경험하지 않은 것에 대해서도 머릿속으로 생각해서 형체를 만들어 내는 능력(추상적 사고)이 생기게 됩니다. 예를 들어, 저축은 돼지 저금통에 동전을 집어넣는 것일 뿐만 아니라, 장래의 소비를 위한 근간이 된다는 점을 이해할 수 있습니다. 또한 돈은 소비를 위한 것일 뿐만 아니라 사회적인 힘과도 연계될 수 있음을 이해할 수 있습니다. 즉 관계를 중심으로 생각할 수도 있게 되며, 그런 까닭으로 현상의 이면(裏面)을 볼 수 있게 되기도 합니다.

또한 지적 호기심 역시 크게 증가합니다. 자신이 흥미 있어 하는 책에 몰두하기도 하며, 특정 분야에 몰입하여 꽤 높은 성취를 이루기도 하고, 얻은 지식을 응용해 보고 싶어 하기도 합니다. 전기나 전자에 관련된 지식을 습득한 아이들이 집 안의 라디오나 전기기기를 몇 개씩 분해하고 부수는 일은 이러한 성향과도 무관하지 않습니다.

추상적 사고가 가능해지고 옳고 그름과, 사실과 거짓을 판별하는 능력이 발달하면서 부모를 대하는 방식에도 변화가 있게 됩니다. 부모의 말에 논리적으로 반박하기도 하며, 때로는 부모의 반응을 미리 예측하고 이용하기도 합니다. "학교 선생님이 출제 범위를 넘어서서 문제를 출제했기 때문에 이번 시험을 망쳤다"고 변명하는 것은 사실일 수도 있지만 부모의 행동을 예측하여 미리 면책 사유를 만드는 것으로 이해할 수도 있습니다.

또한 이 시기의 아이들은 환경이나 다른 사람과의 관계 속에서 자신의 정체성에 대해 인식하게 됩니다. 즉 자기 자신이 누구인가에 대한 감각을 형성하게 됩니다. 가정에서는 자식으로서, 지역에서는 친구로서, 학교에서는 학생으로서, 동아리에서는 그 구성원으로서 서로 다른 역할을 하는 과정을 통해 스스로를 인식하게 되는 것입니다.

물론 이러한 과정에서 아이들은 점차 어른과 같이 생각할 수 있게 되지만, 한편으로는 어른과 같은 경험을 할 수 없음도 사실입니다.

그 결과 가끔은 생각과 행동의 불일치가 나타나기도 합니다. 환경을 보호하고 저탄소 녹색 사회를 만들어야 한다는 생각에 동의하여 모금운동이나 거리 캠페인에 참여하기도 합니다. 하지만 다른 한편으로는 길거리에 휴지를 버리고, 친구들에게 다른 친구를 헐뜯는 일로 밤새 핸드폰 통화를 즐기기도 합니다.

부모가 도와야 할 일은?

이렇게 커다란 변화를 경험하는 아이들이 제 길을 가게 하기 위해 부모는 어떻게 해야 할까요?

많은 이야기를 할 수 있지만, 가장 먼저 자녀를 존중하고 사랑으로 대하는 것이 무엇보다 중요합니다. 자녀의 실수를 때로는 용인해주고, 자녀의 말에 귀 기울이며, 자녀의 관심사에 깊은 관심을 표명해야 합니다. 또한 자녀의 관점에서 눈높이를 맞춰 이해하려 노력해야 하며, 잘한 일에는 칭찬을 아끼지 말아야 합니다. 그리고 자녀와의 대화가 얼마나 중요한가는 이미 앞에서 충분히 강조한 바 있습니다.

다른 한편으로는 해야 할 일과 하지 말아야 할 일을 엄격히 구분해서 제한해야 하며, 때로는 자녀로서의 의무에 대해서도 분명하게 말해야 합니다. 자주 친구 집에서 밤새워 노는 일은 하지 말아야 한다는 점을 분명히 해야 하며, 밤새 친구와 핸드폰으로 수다 떠는 일은 나쁜 버릇이라 가르쳐 주어야 합니다. 또한 어른에게 "정신 줄 놓고 있네"라고 말하는 것은 버릇없는 말이라는 점도 분명히 해야 합니다. 그런데 여기서 한두 가지 주의해야 할 점은, 한계를 분명히 해야 한다는 점과 더불어 설명을 덧붙여야 한다는 점입니다. 즉 "아빠가 그러면 그런 줄 알아"가 아니라 "정신 줄 놓는다는 말은 죽었다는 걸 의미하는 거니까 어른에게 그런 말을 쓰면 큰 실례가 된단다"고 명확히 설명해 주어야 합니다. 또한 화를 내고 야단을 칠 때에도 "네가 한 일은 분명히 잘못한 것이어서 야단맞아야 하지만, 그것이 너에 대한 사랑을 철회하는 것은 아니다" 하고 분명히 해야 합니다.

또 자녀가 되도록 많은 것을 경험하는 것은 자녀의 흥미와 재능, 그리고 자아 정체성의 형성에 바람직한 영향을 끼칠 것입니다. 운동을 같이 하고, 좋은 책을 선물하며, 음악회나 전시장을 같이 가거나 다녀오게 하는 것, (외)할아버지, 할머니 댁에 인사하고 오게 하는 것, 남을 위한 봉사활동을 하게 하는 것, 사업에 관심 있는 자녀에게 기업에서 아르바이트하게 하는 것 등의 직간접적인 경험은 자녀의 재능을 계발하고 자아를 성장시키는 데에 크게 기여할 수 있을 것입니다. 가끔 자녀의 관심이 변하고 흥미를 잃을 수도 있지만 그렇다고 실망하지는 마세요. 자녀의 관심이 변했음은 그만큼 자녀가 경험의 폭을 넓혔음을 의미하는 것이니까요.

결국 사춘기라는 큰 터널을 통과해야만 하는 우리의 자녀들에게 부모는 늘 마음으로 보살펴 주는 가이드의 역할을 해 주어야 합니다. 부모들의 생각이나 기준에 적합하지 않은 수많은 말이나 행동 등에 대해서 당황하지 않고 판단해 주어야 하며, 가끔은 그들만의 생활을 받아들이고 함께 즐길 수 있는 여유를 갖도록 노력해야 합니다. 이런 시간을 보내는 우리 자녀들은 신체적, 정신적, 그리고 지적으로도 올바르게 성장하는 훌륭한 어른을 준비하게 될 것입니다.

변화하는 시대의 교육
: 학부모와 학교

변화하는 시대의 교육
: 학부모와 학교[18)]

제2차 세계대전의 종료 이후 60여 년의 세월이 흐르면서 한국과 세계는 가히 변혁이라 부를 만큼 엄청난 변화의 소용돌이에 휩싸이게 되었습니다. 이러한 변화와 그 수용 과정의 혼란은 어떻게 보면 근대화 이후 한국 사회에 커다란 역사의 '도전'을 안겨 주었으며, 그 '응징'은 이제 피할 수 없게 되었습니다. 한국 사회에서 이러한 도전을 극복하는 일은 지식인 사회와 교육의 시대적 소명이라 할 것이며, 그것은 또 하나의 '세계를 향한 우리의 도전'이라 할 것입니다. 특히 지식사회의 한 축을 이루면서 교육과 인적자원의 기반을 형성하는 학교 교육에서 보면, 이러한 도전에 대한 극복과 응징은 이 시대에 이루어야 할 핵심 과업이자 나아가야 할 지향이기도 합니다.

(1) 변화하는 세상

우선 언급하지 않을 수 없는 것은 우리를 둘러싼 세계 환경의 변화입니다. 이 변화들 중에 일부는 이미 우리에게 너무나 친숙하며 잘 알려진 것이기도 합니다. 또한 이 변화는 물질적, 정신적, 문화적 측면의 모든 면에서 우리 모두에게 동시에 진행되고 있는 것이기도 합니다. 사실 어떤 하나의 변화는 대부분 그것을 둘러싼 다른 것들과도 서로 영향을 주고받게 되며, 이 점에서 한 부분의 사회 변화는 우리 삶의 총체적인 변화를 몰고 으게 될 것입니다.

① 세계는 이미 정보통신 기술의 놀라운 발전과 더불어 정보화 사회의 한가운데에 서 있습니다. 이제 사회생활에서 한순간도 컴퓨터나 인터넷이 없는 상황을 상상할 수 없을 정도에 이르렀습니다. 인터넷으로 뉴스를 보고, 날씨를 확인하며, 비행기표를 예약하고, 집에 앉아서 주식을 사고팔며, 지구촌 저쪽에 있는 사람들과도 서로의 생각을 주고받으며, 때로는 감정을 표현하기도 합니다. 또한 유럽이나 미국에서 일어나는 일을 실시간으로 알 수 있고, 세계 여러 지역의 사람들이 화상회의를 통해 서로의 관심사를 토의하기도 합니다. 공적인 일에서도 사적인 일에서도 컴퓨터를 중심으로 하는 정보통신 기술은 절대적인 역할을 수행하고 있으며, 어떻게 보면 전 세계가 공간적으로 통합되고 교류와 접촉이 거의 동시에 이루어지고 있는 것입니다.

정보통신 기술이 우리의 삶에 커다란 영향을 끼치고 있는 것은 이

제 명확한 사실입니다. 많은 사람들의 지식과 정보와 주장이 인터넷에 모이고 모두가 그것을 이용할 수 있을 뿐만 아니라, 이러한 조각의 지식과 정보를 모아 재구성하고 새롭게 분류하여 새로운 지식을 창안해 내는 일 역시 가속화되고 있습니다. 어떻게 보면 사람들 사이에 누가 지식을 갖느냐의 문제와 관련하여 정보통신 기술은 지금까지와는 달리 많은 일반 대중에게 그 능력을 지니게 했습니다.

그런데 이러한 상황을 교육의 측면에서 살펴본다면, 정보를 모아 재구성하고 새롭게 분류하여 새로운 지식을 창안해 내는 일은 커다란 중요성을 지닙니다. 이를 통해 단순한 지식의 확산이 아닌, 사회적으로 가치 있는 지식을 생산할 수 있기 때문입니다. 물론 이러한 일을 능숙하게 하기 위해서는 때로는 창의적이고 때로는 비판적인 고등사고력이 절대적으로 중요합니다.

② 이러한 정보화와 더불어, 오늘의 세계가 범지구적 시장경제로 변모하고 있다는 점 역시 주목해야 할 사항입니다. 우리의 삶에 온 세상이 서로 엉켜 있다는 것은 최근의 금융위기에서도 잘 알 수 있습니다. 미국의 부동산 경기침체와 **서브 프라임 모기지**(비우량 주택담보 대출)[19] 때문에 생겨난 부동산담보 대출 회사의 파산이, 전 세계 경제에 영향을 주어 우리나라도 심각한 위기 상황을 넘기고 있으며, 지금도 경기의 침체와 실업을 우려하고 있습니다. 물론 우리나라의 몇몇 기업들 역시 전 세계에 영향을 주고 있기도 합니다. 반도체나 조선

등의 몇몇 분야는 우리의 공급 능력 상태가 세계 시장에 영향을 끼치기도 하는 것으로 알려져 있습니다.

　이처럼 세계가 연계되면, 교육을 비롯한 많은 서비스 시장도 서로 연계될 것이며, 국내 시장에도 중요한 변화가 일어날 것입니다. 우리나라 역시 현재 인천, 영종도, 광양, 부산, 제주도 등의 특구나 경제자유지역을 중심으로 외국 교육기관 유치를 서두르고 있습니다. 또한 외국 교육기관 설립 이외에 외국 대학과의 교육과정 공동운영 등의 움직임도 활발해지고 있습니다. 이미 싱가포르와 중국 등 동남아시아 국가들이 교육시장을 적극 개방하고 교육의 질을 높임과 동시에 글로벌 교육 허브(중심축) 구축 전략을 서두르고 있음에 비추어, 우리나라 역시 가까운 장래에 교육시장의 개방에 대한 논의가 더욱 활발해질 것으로 여겨집니다.

　또한 전 세계가 서로 얽혀 있는 상황에서, 개인이나 사회가 번영하기 위해서는 어쩔 수 없이 여기에 적합한 능력을 키워야 합니다. 예를 들어, 외국과 서로 소통할 수 있는 언어능력을 키운다든가, 상대의 사정을 이해하고 이를 고려하면서 행동하는 개방적인 사고력을 키운다든가, 자신의 생각이나 하고자 하는 일에 도움을 받을 수 있게 다른 나라 사람들과 네트워크를 만든다든가 하는 일들이 매우 중요해질 것입니다. 이것이 사실은 지금 우리에게 필요한 교육이기도 합니다.

 최근 들어, 자주 경험하는 유가의 급상승은 이러한 전망을 입증해 줍니다. 또한 오늘날 에너지는 건강, 식량, 교통, 무역 등 인간의 삶에 관련되는 거의 모든 분야에서 중요한 역할을 하고 있으며, 많은 나라들은 에너지의 확보를 매우 중요하게 받아들이고 있습니다. 중국이나 인도와 같은 신흥경제권과 구미의 경제대국은 이미 에너지를 얼마나 적절히 확보할 수 있느냐를 놓고 치열하게 경쟁하고 있습니다. 우리나라와 같은 신흥 공업국들도 이 대열에 곧 참여하게 될 것입니다.

물론 이러한 과정에서 많은 나라들은 새로운 에너지를 개발하거나 에너지를 획기적으로 절약할 수 있는 방법을 찾기 위해 노력할 것입니다. 오늘날 하이브리드 자동차의 실험을 서두르고 있는 것이나 태양열, 풍력 등을 이용하려는 새로운 시도를 강화하고 있는 것은 이러한 경향을 입증하는 것이라 하겠습니다.

기술혁신은 비단 에너지 분야에서만 국한된 것은 아닙니다. 앞에서 언급한 정보통신 기술과 함께 나노, 바이오, 뉴로(신경)테크와 같은 첨단 기술을 우리는 이미 보아오고 있습니다. 유전자 정보를 이용한 식품의 개발이나 로봇의 등장, 정신 능력을 향상시키는 새로운 약물의 개발 등 우리는 시시각각 새로운 기술의 등장과 그 상품화에 접하고 있습니다. 아마도 미래의 경제에서는 이러한 기술혁신을 이끌어 나갈 인력과 상품의 개발 및 협력체제의 구축이 국가가 해야 할 가장 중요한 일이 될 것입니다.

이와 관련하여 어느 미래에 대한 예측서(The Extreme Future, James Canton, 2006)에서 예측한 2015년의 유망직종은 매우 흥미롭습니다. 이 서적의 저자는 신경의학 기술 전문가, 개인 보안 기술 전문가, 장기(臟器) 복제 전문가, 미래 생태계 치료 전문가, 양자연구 과학자, 실시간 비즈니스 경영인, 온라인 소비자 마케팅 전문가, 건강증진 치료 전문가, 암 치료 전문가 등을 들고 있습니다. 이들의 대부분이 본문에서 언급한 바의 첨단기술과 관련된 직종입니다.

이러한 에너지와 기술의 변화 역시 앞으로의 삶이 매우 유동적이며 불확실할 것이란 점을 말해 줍니다. 뒤집어 말하면 앞으로 사람들이 자신의 문제를 해결하기 위해서는, 더욱 창의적으로 생각하고 종합적으로 판단해야 함을 의미하는 것이지요. 교육 역시 이러한 방향을 지향하게 될 것입니다.

④ 또한 기후 변화 역시 마우 중요한 세계적 화두가 되었습니다. 흔히 **수십 년 또는 그 이상 지속되는 기후**[20]의 변동성이 통계적으로 유의미하게 일어날 때 이를 기후 변화라 합니다. 물론 이 속어는 자연적인 변동뿐만 아니라 인간의 활동이 영향을 끼치게 되는 변화도 포

함되어 있습니다. 예를 들어, 기상의 이변이나 빙하 감소, 심층해류의 변화와 같은 자연의 변동뿐만 아니라, 매연과 오염 등 인간의 직간접적인 활동도 이러한 기후 변화의 요인이 될 수 있습니다. 이러한 기후 변화는 동식물과 바다생물에 영향을 끼칠 뿐만 아니라 산림·농업·수자원의 생태계에 영향을 끼쳐 사람들의 건강과 질병, 식량 생산과 산업에 지대한 영향을 주게 됩니다. 지구의 온난화가 진행되면 우리나라에서도 사막이 나타나며, 스키장이 없어지고, 국토의 일부가 바다에 잠길 수 있으며, 또한 사과 대신 키위와 같은 열대성 과일을 재배하게 될지도 모릅니다. 또한 세계의 곡창지대들이 건조해져서 식량 생산이 줄어들어 세계적인 식량난을 수반할지도 모릅니다.

이러한 상황에서 미래의 발전 가능성을 훼손하지 않으면서 현재의 요구를 충족시켜 나가야 한다는 생각이 바탕에 깔려 있는 것이 '지속가능한 발전(Sustainable Development)'의 개념입니다. 이 화두는 인간의 욕구뿐만 아니라 삶의 질을 제고해야 한다는 관점에서도 계속적인 관심의 대상이 될 것으로 여겨집니다. 아마도 기업이나 국가 역시, 시민들이 환경을 중요하게 생각함에 따라 지속가능한 경영이나 국가발전 모델을 적극적으로 채택하게 될 것입니다. 오늘날 청정기술(클린테크) 산업이 성장하고, 선진국 **온실효과가스**[21]의 삭감을 합의한 교토의정서(1997)를 채택했으며, 우리나라에서 최근 저탄소성장을 선언한 것과 같은 노력은 이러한 방향을 보여 주는 것이기도 합니다.

이제 과거의 경제성장의 개념이 이른바 녹색성장으로 바뀌게 된 것입니다. 이러한 변화는 성장에 기여할 인재의 양성에도 변화를 초래할 것입니다. 지금까지의 사고와는 달리, 좀 더 종합적으로 자연환경이나 미래를 고려하게 될 것입니다. 학교의 교육과정에도 이러한 관점들이 반영될 것입니다.

⑤ 대학과 학문 세계 역시 복잡성 과학의 등장과 융합학문의 흐름 속으로 들어가고 있습니다. 아무리 복잡하게 보이는 것이라도 나누어 가면 결국 단순해지고, 그 요소들을 지배하는 법칙을 알면 전체의 원리를 알 수 있다는 것(이를 흔히 요소환원주의라 한다)이 과거 데카르트(Descartes)와 뉴턴(Newton)에 의해 확립된 고전과학이었습니다. 복잡성 과학은 '연구의 대상인 세계는 많은 작은 부분들이 여러 형태로 엮어져 단순한 부분의 특성을 넘어서는 복잡한 세계의 패턴을 보여 준다'고 생각합니다. 이러한 현상에서는 부분의 합이 전체와 일치하지 않을 수도 있습니다. 예를 들어, 뇌신경 조직은 단순한 신경소자의 모음 이상의 결과물을 만들어 내며, 사람들의 네트워크도 그것이 작동하면서 새로운 양상을 보여 준다는 것입니다.

요즘 대학의 또 하나의 화두는 '학문 간 융합'입니다. 이 말은 실제의 삶과 현상을 제대로 이해하려면 학문은 다른 학문과, 대학은 사회와 소통하면서 서로의 벽을 허물고 때로는 융합해야 할 필요가 크다는 것을 의미합니다. 우리나라에서 어느 대학의 경우 통섭원을 만들어 학문 간 벽을 허물려는 시도를 하거나, 융복합 프로그램을 개설하고, 인문·자연과학·예술이 함께 어우러지는 범학문통합연구소를 만드는 시도는 이러한 흐름을 잘 반영하고 있습니다. 지식의 형성과 정에서 서로 다른 영역을 통섭하고 상상력과 전체를 보는 눈을 키우며, 서로의 관계를 이해하려는 노력은 이제 21세기 지식체계의 본질을 형성하고 있는 느낌입니다. 사실 생각하는 로봇은 뇌과학, 인지과학, 기계공학, 심리학의 합작품일 것입니다.

이러한 융합의 경향은 아마도 앞으로의 대학을 크게 바꾸게 될 것입니다. 영역 간의 경계가 허물어질 수 있을 것이며, 제대로 사물과 현상을 이해하기 위해서는 여러 개의 전공에 관심 갖지 않을 수 없습니다. 더욱이 삶의 과정에서 직업을 바꾸거나 직장을 옮기는 경우가 늘어나면서 이러한 학제적, 융합적, 통섭적 학문 경향은 더욱 증가할 것입니다. 이렇게 되면 내가 지금 어느 학과에 다니느냐가 중요한 것이 아니라 무슨 일을 얼마나 제대로 할 수 있느냐가 중요할 것입니다.

⑥ 여기에 우리의 입장에서 또 하나 언급하지 않을 수 없는 것은, 한반도의 통일과 동북아 질서의 재편입니다. 한반도에서는 남북한의 통일이 커다란 과제로 남은 반면, 중국과 미국 및 일본을 중심으로 하는 동북아에서는 이를 바라보는 서로 다른 시각이 있을 수 있습니다. 특히 이러한 과정에서 중국의 움직임은 매우 중요합니다. 중국은 이미 20억의 인구를 바탕으로 무역·기술·문화·금융·과학에서 생

산·소비·유통에 이르기까지 세계경제에 커다란 역할을 하고 있습니다. 최근의 금융위기에서도 세계 경기의 활성화를 위한 중국의 역할이 거론되고 있는 실정입니다. 이렇게 생각하면, 중국과 어떻게 협력하고 어떻게 경쟁할 것인가를 생각하고 그 능력을 키우는 일은 지금 해야 할 매우 중요한 일입니다.

앞으로 우리의 세계 시민교육에서도 이 점은 중요하게 고려되어야 할 것입니다. 어쩌면 영어와 또 하나의 외국어로 중국어가 중요할지 모릅니다.

⑦ 또 하나 언급해야 할 점은 우리 사회가 경제적 성장과 더불어 급격히 비인간화하고 있다는 점입니다. 이유 없는 대형 범죄가 빈번히 일어나고 있으며, 인간에 대한 존중이 사라지고 있습니다. 또 돈에 대한 지나친 중시로 사람들은 도덕적이거나 인간적인 측면보다는 경제적인 이득을 더욱 우선시하는 경향을 보여 주고 있기도 합니다.

국가의 성장에는 경제적인 측면만이 아니라 도덕적, 문화적 성장도 매우 중요합니다. 오히려 향후 사회에서는 도덕적, 문화적 성숙이 더욱 중요할 수도 있을 것입니다. 이 점은 우리에게 앞으로의 학교교육이 좀 더 인격적 성숙과 인간성 회복에 맞추어져야 함을 말해 주는 것이기도 합니다.

(2) 교육의 미래는?

우리는 지금까지 앞으로의 세상이 어떻게 변화할 것인가를 알기 위해 미래를 바라보면서 현재에 느낄 수 있는 여러 가지 상황에 대해 언급했습니다. 정보통신 기술, 세계화, 지식경제와 기술혁신, 지역통합과 다자간 무역, 에너지, 기후 변화와 환경, 지속가능한 발전, 복잡계 과학과 학문의 융합, 중국의 부상, 인간성의 상실 등 비록 정교하지는 않지만 이러한 상황들은 실제로 일어날 가능성이 높은 것이며, 현재로서도 어느 정도 가시화되어 있는 것들이기도 합니다.

뿐만 아니라 이러한 언급을 통해 우리는 몇 가지 커다란 전체적인 변화의 느낌을 얻을 수 있습니다. 여러 변화가 몰려오면서 사람들의 삶이 불안정해지고 불확실성이 크게 늘어날 것이란 점은 우리가 느낄 수 있는 중요한 변화의 하나입니다. 또한 직업, 지역사회, 인간관계 등에서 일어나는 변화의 속도가 상상 이상으로 빠르며, 기존의 분야들이 서로 결합되어 삶의 스타일에서부터 직업과 안전문제에 이르기까지 모든 분야에서 서로 직접적으로 영향을 주고받는다는 점도 중요한 변화일 것입니다. 이에 더해 지금까지와는 다르게 더욱 많은 여러 측면을 고려하면서 고차적인 사고를 하지 않으면 안 된다는 점 역시 주목할 사항이었습니다.

그러면 이러한 변화 속에서 미래의 우리나라 교육은 어떻게 될까요?

가장 중요한 변화의 하나는 불확실성과 불안전성이 급증하면서 고등사고력의 증진이 중요한 교육의 목표로 더욱 크게 강조될 것이란 점입니다. 불확실한 상황과 불안정한 상태를 타개하고 벗어날 수 있게 해주는 것은, 상황을 탐구하고 분석하며 종합적으로 판단하는 비판적 사고력이나 새로운 대안을 찾아내는 창의적 사고력이기 때문입니다. 학교 교육과 대학입시를 포함한 시험들은 앞으로 이를 더욱 중시하지 않을 수 없을 것입니다.

또한 언급한 바의 변화 속에서 학교는 매우 유연해질 것입니다. 집단적인 목표 달성보다는 학생 개인과 개별적인 교육이 더욱 중요해질 것이며, 학교와 사회 역시 서로 연계되고 개방될 것이며, 교사의 역할 역시 전달자에서 탐구자로 크게 바뀌게 될 것입니다. 이러한 과정에서 교육과정의 운영도 지금까지의 국가 중심에서 개별학교 및 지역 중심으로 바뀌게 될 것입니다. 그렇지 않으면, 개별화된 교육을 실시할 수 없기 때문입니다. 물론 학습 환경도 첨단기술의 발전과 더불어 더욱 첨단화될 것입니다.

더불어 세계화의 추세 속에서 능력 중심의 취업구조가 자리 잡아갈 것입니다. 이는 세계적 경쟁 속에서 비용을 절감해야 하는 기업의 입장에서는 생존의 전략이기도 할 것이기 때문입니다. 이러한 노동 시장의 변화는 중고등학교와 대학의 지향을 변모시킬 것이며, 지금까지의 학교 서열과 형태가 새롭게 재편되는 기회가 될 것입니다. 물론 이러한 과정에서 교육의 개방화와 지구촌 교육은 더욱 강조될 것입니다.

것입니다. 이는 한국 사회의 질서를 유지하고, 시민들의 삶의 질을
제고하기 위해서도 매우 중요한 것이며, 다른 선진사회를 앞설 수 있
는 대안이기도 할 것입니다. 창의와 인격을 갖춘 국민은 세계를 이끌
게 될 것입니다.

(3) 우리의 학교는?

이러한 한국의 미래 교육을 선도해야 할 집단은 물론 대학과 보통
교육을 포함하는 학교 교육입니다. 학교 교육은 미래사회의 성장을
위한 보루이자, 지식사회의 가치창조를 위한 터전이기 때문입니다.
지식기반 사회에서 학교의 역할은 매우 중요합니다. 수월성을 지닌
인재를 길러내고 연구를 통해 새로운 지식을 창출할 뿐만 아니라, 사
회적 논의를 형성하고 국제사회와 교류하고 산업과 연계하여 가치를
창출해 내는 등 지식기반 사회에서 학교는 전체 사회의 성장 터전이
라 할 것입니다.

그런데 사실 우리의 학교 교육은 아직 새로운 시대를 향한 준비
가 부족합니다. 우리들 학교 교육의 담당자들은 지금까지 현실에 안
주했으며, 때로는 폐쇄적이었고, 또한 이유여하를 막론하고 우리 사
회를 분석하고, 문제를 해결하고 혁신할 수 있는 새로운 대안과 이
론 정립에 실패해 왔음을 인정하지 않을 수 없습니다. 이제 우리 사
회의 학교는 세계와 교류하며, 각자의 역량에 따라 분화하고, 사회

의 여러 분야와 연계해야 하며, 지식정보 사회의 중심지로서의 역할을 수행해야 합니다.

또한 학교는 미래사회를 위한 인재를 양성해야 할 것이며, 교육 자체를 재창조할 수 있는 비전을 제시해야 할 것입니다. 오늘날 유치원에서 대학에 이르기까지 한국의 학교 교육과정은 앞에서 언급한 복잡하고 변화하는 세상을 이끌 인재의 양성에 실패하고 있음은 사실입니다. 학교제도가 과거를 가르치는 일에서 벗어날 수는 없겠지만 실제로는 미래를 가르치는 일에도 크게 노력해야 합니다. 사실 이러한 점들은 오늘의 학교를 개혁해야 할 이유이기도 합니다.

우리의 교육은 한국 사회와 인류의 보편가치와 문화를 보존하며, 동시에 새롭고 존경받는 세상을 개척하는 사상과 기술의 상아탑으로 자리 잡음으로써, 때로는 사회를 이끌고 때로는 사회와 역동적 균형을 이룰 수 있어야 할 것입니다. 이것은 민족적·시대적 과업이기도 하지만, 사회와 열린 마음으로 교류하면서 스스로에 대한 개방과 성찰을 통해 새로운 지식사회를 창조해야 하는 한국 교육공동체의 미래를 위한 논리와 윤리이기도 합니다.

이렇게 미래를 담보할 수 있는 합리적 소통능력을 지닌 새로운 리더들이 성장하고 지식정보 사회의 중심기지로서 국민의 인격을 담보하는 장으로서 학교가 자신의 역할을 할 수 있다면, 이를 토대로 한국 사회는 국민들이 함께 노력할 수 있는 공동의 장을 건설하고 자주적이고 창의적인 발전을 거듭하면서 세계국가로 발돋움할 수 있을 것입니다. 이러한 시대인식을 바탕으로 학교 교육의 담당자와 학부모 모두는 우리의 다음 세대를 위하여, 보다 나은 한국 사회의 건설을 위하여, 인류 보편의 논리와 사고의 창조를 위하여, 스스로를 철저하게 성찰하고 때로는 고개를 들어 미래를 바라보면서 뭉쳐진 힘으로 세계로 나아가야 할 때라고 생각합니다.

부록

- 각주 풀이
- 참고문헌

|각주 풀이|

1) 프랑스혁명(1789)을 시작으로 유럽의 구체제가 무너지고 근대 국민국가가 생겨나기 시작했으며, 이 가운데에서 사회 전체를 광범위하게 통제하고 국부를 창출하는 일이 국가의 중요 의제(아젠다)가 되었다.

2) 미국 발 금융위기가 전 세계 경제에 영향을 끼쳐 한국경제를 매우 어렵게 하고 있음을 보면 이를 쉽게 느낄 수 있다.

3) 《중용(中庸)》에 나오는 구절이며, 군자(君子)의 행동에 대한 설명이다.

4) '죄수의 딜레마'와 비슷한 것으로 '게임이론'이라 부르기도 한다. 예를 들어, 같은 범죄를 저지른 두 사람의 죄수를 각기 다른 방에서 심문하는 경우, 자백하면 2년 징역을 구형하고 자백하지 않은 상태에서 다른 죄수의 자백에 따라 죄가 밝혀지면 10년형을 받는다고 하자. 이 경우, 죄수들은 같이 범죄를 저질렀던 다른 죄수를 믿지 못해 결국 두 사람 모두 자백하게 된다는 것이다. 이러한 상황을 흔히 '죄수의 딜레마'라 한다.

5) 이를 흔히 직업가치관이라 부르기도 한다.

6) 이는 남명(南冥) 조식(曺植)의 공부관이기도 하며, 《중용(中庸)》 1편에서 보여 주는 신독(愼獨)의 내용과도 연결되는 것이다.

7) 얼렌증후군은 널리 알려진 것은 아니지만, 책을 읽다 보면 글씨가 흐릿해지면서 물결치듯 흔들리기도 하는 증세로, 눈과 뇌를 연결하는 시신경세포가 보통 사람보다 작거나 불안정하기 때문에 나타나는 것으로 알려져 있다. 외국의 경우에는 이런 증후군을 경험하는 학생들이 꽤 많은 것으로 알려져 있으며, 5분 이상 책을 읽으면 글씨가 흐릿해지거나 현기증이 나타나기도 한다. 시신경세

포의 약한 부분을 살려내는 특별한 안경을 쓰거나, 개인에게 적절한 색상의 조합을 지닌 필터를 만들어 주는 것을 해법으로 제안하기도 한다.

8) 이 말은 캐나다의 작가인 더글러스 코프레인의 소설 《Generation X》에서 사용된 것으로 알려져 있다.

9) 《대학(大學)》에서도 "분치(忿懥), 공구(恐懼), 호요(好樂), 우환(憂患)이면 마음을 바로 할 수 없다(不得其正)"고 말하고 있으며, 자신을 닦는 일은 마음을 바르게 함에 있음을 설파하고 있다. 《대학》의 중요한 가르침은, 세상을 잘 다스리는 핵심은 자신을 닦는 일(수신 : 修身)이란 것이다. 자신을 수양하는 일은 곧 세상의 이치를 철저히 궁구하고 참됨으로 마음을 바로 하는 것이라 하겠다. 격물치지 정심성의(格物致知 正心誠意)는 곧 이를 이른다.

10) 이는 《사소절(士小節)》에 나오는 내용이다. 《사소절》은 1775년(영조 51)에 실학자인 이덕무(李德懋 1741~1793)가 저술한 필사본 수신서이다. 저자는 이 책에서 관념 유희를 배격하고 현실적인 교육과 인도주의, 평등주의, 실질주의를 주장하고 있어 현대 교육에서도 본받을 만한 많은 자료를 담고 있다. 《사소절》은 사전(士典), 부의(婦儀), 동규(童規)의 세 편으로 구성되어 있는데 사전(士典)편은 선비의 가정에서 지켜야 할 남자의 예법에 대해 말하고 있고, 부의(婦儀)편은 부녀자의 예절, 동규(童規)편은 어린아이의 규범에 대해 말하고 있다.

11) 양아십법(養兒十法)에는 ①등을 따뜻하게 ②배를 따뜻하게 ③발을 덥게 하고 ④머리를 차게 하고 ⑤가슴을 서늘하게 ⑥괴이한 것을 보여 주지 말고 ⑦비위를 늘 따뜻하게 ⑧울음 끝에 젖먹이지 말고 ⑨경면주사(朱砂)든 약을 함부로 쓰지 말며 ⑩자주 목욕시키지 말고, 두껍게 덮지 말며, 두 귀가 접히지 않도록 할 것 등의 내용을 담고 있다.

12) 《논어(論語)》, 《맹자(孟子)》가 각각 공자(孔子)와 맹자의 언행록(言行錄)이듯이, 《탈무드》는 유태민족의 현자(賢者)들의 교훈(敎訓), 계율(戒律), 또는 생활의 지혜 등의 구전(口傳)을 수록한 것이라 할 수 있다. 헤브류(Hebrew)어로 된 것을 탈무드(Talmud)라 하고, 아랍어로 된 것을 게마라(Gemara)라고 한다. 헤브류어로 탈무드란 공부 또는 학습, 즉 Study/Learning을 뜻하는 것이라 한다.

13) 사회 속의 개인은 그를 둘러싼 중요한 타자들에 의해 주어지는 대로 행동하는 측면이 있기는 하지만, 그렇다고 그 과정이 일방적인 기계적 과정은 아니다. 오히려 중요한 타자들이 그렇게 하도록 요청하는 것과 개인 자신의 자아 사이에서, 그리고 객관적으로 주어지는 것과 주관적으로 받아들이는 것 사이에서 갈등을 겪으면서 발전하는 과정을 밟을 것이다. 여기서 중요한 타자의 역할과 태도로부터 나온 그 다음 단계의 추상적 개념이 일반화된 타자이다. 일반화된 타자의 형성은 사회화 과정에서 결정적인 단계에 속하며, 이는 중요한 타자의 영향 속에서 개인에 의해 설정된 사회적 현실과 지위에 따른 역할의 내면화를 의미한다. 일차적 사회화는 일반화된 타자의 개념이 개인의 의식 속에 확립되었을 때 끝이 난다. 이렇게 되면, 그는 사회의 효과적인 구성원이 되며 자신과 자신을 둘러싼 세계를 내면적으로 소유하게 된다.

14) 강남이란 중국의 양자강 이남 지역으로 수도인 북경에서 멀리 떨어진 곳, 즉 여기서는 '먼 남쪽나라'라는 의미로 쓰이고 있다. 이 속담은 '친구를 따라서라면 먼 길도 마다않고 간다'는 뜻으로 우정의 소중함을 나타내고 있다.

15) 친구에는 여러 유형이 있을 수 있다. 아리스토텔레스에 의하면, 친구에는 즐거움을 위해 맺어진 쾌락적 친구, 현실적 도움을 위한 효용적 친구, 덕성으로 맺어진 인격적 친구가 있다. 이 글에서 언급하는 친구는 인격적 친구의 측면이 강하다. 소위 말하는 관포지교(管鮑之交)의 관계인 것이다.

16) [嘉靖辛卯(1531년)十月日 : 書李君原吉所贈心經後, 夏城(현재의 창녕) 曺楗仲, 書]
남명 선생의 독후감 – 나의 벗이 이 책을 주면서 스스로 "나는 비록 착하지 않지만 남이 착하도록 도우려는 생각은 얕지 않다. 이 마음을 미루어 나가면 나라 일도 평범한 것이 될 것이다"라고 하였다. 내가 처음 이 책을 받고는 황송하고 두렵고 산더미를 짊어진 듯하였다. 스스로 경계하여 "언행을 신의 있게 하고 삼가며 사악함을 막고 정성을 보존하라. 산처럼 우뚝하고 못처럼 깊으면 움돋는 봄날처럼 빛나고 빛나리라"는 말을 걸어 두었으나, 마음은 아득한 경우가 많았다. 마음은 죽고 육체만 걸어 다닌다면, 금수가 아니고 무엇이랴? 그렇다면 내가 이군을 저버린 것이 아니라 이 책을 저버린 것이며 내 마음을 저버린 것이다. 이는 마음이 죽은 것이니 더없이 슬픈 일이다. 이 책은 아마 마음을 죽

지 않게 하는 약일 것이니, 반드시 먹어서 그 맛을 알고 좋아해서 그 즐거움을
알면, 오래 가고 편안하며 일상에서 스스로 쓸 것이다. 노력하여 게을리 하지
마라. 안자(顏子, 남명이 추구했던 고대의 현인)와 같이 되는 길이 바로 여기에 있
느니라.

17) 이는 《대학(大學)》의 전(傳) 9에 나오는 구절로서 서(恕)를 설명하는 것이기도 하
다. 혈구지도(絜矩之道)란 말 역시 이와 비슷하게 사용된다. 즉, 자기를 척도로
삼아 남을 생각하고 살펴서 바른 길로 향하게 하는 것을 흔히 혈구지도라 한
다. 이 역시 《대학》에 나오는 구절이다.

18) 미래를 향한 한국교육의 도전(2007, 경남교육청 주제강연 자료)을 재구성하고 보
완함.

19) 서브프라임 모기지(Subprime Mortgage)는 '최우대 대출 금리보다 낮은 주택담
보대출'을 의미하며, 신용등급이 낮은 저소득층을 대상으로 주택자금을 빌려
주는 미국의 주택담보대출 상품이다. 따라서 신용등급이 낮기 때문에 높은 금
리가 적용되었고, 이에서 최근 부동산 경기가 침체되면서 저소득층들이 서브
프라임에서 빌린 돈을 갚을 길이 없게 되자, 서브프라임 회사들이 파산하기 시
작한 것이다. 또한 동시에 이러한 회사에 돈을 빌려주었거나 신용보증을 선 은
행이나 투자회사 역시 위험하게 되었다. 이렇게 되자, 은행들의 자유로운 대출
이 어려워지고 기업이나 개인은 자금조달이 힘들어져 투자와 소비수요가 위축
되면서 경기가 침체하기 시작했다. 동시에 미국은 전 세계적으로 커다란 시장
이어서 이러한 미국의 침체는 우리나라와 같이 미국시장에 수출이 많은 국가들
의 수출을 위축시켰으며 이러한 국가들의 경기 역시 침체하기 시작했다.

20) 일반적으로 날씨는 우리가 매일 경험하는 기온, 바람, 비 등의 대기상태를 말하
며, 기후는 수십 년 동안 한 지역의 날씨를 평균한 것이다. 따라서 기후는 위도,
바다로부터의 거리 등 장소에 따라 다양하며 시간에 따라서도 달라질 수 있다.

21) 태양열에 의해 데워진 지표면은 적외선을 대기 중에 방사하게 되는데, 이러한
적외선을 흡수하는 기체가 있어 대기는 더욱 따뜻해진다. 이러한 기체가 온실
효과를 일으킨다는 점에서 이 기체를 온실효과가스라 한다. 참고로 인간활동

에 의해 발생하는 온실효과가스로는 이산화탄소, 메탄, 아산화질소, 수소불
화탄소 등이 있으나, 이산화탄소가 이 중에서 온난화에 기여하는 효과가 가
장 높아 그 배출량의 삭감이 중요한 과제로 대두되었다. 우리나라의 경우 온
실효과가스 배출량 중 이산화탄소가 88.5%인 것으로 조사되기도 했다(에너지
경제연구원, 2005). 여기서 일반적으로 이산화탄소를 기준으로 각 온실효과가스
별 온난화 영향 정도를 명시한 것을 지구온난화지수(Global Warming Potentials)
라 한다.

| 참고문헌 |

• 가톨릭다이제스트 편집부(2008). 『월간독자 Reader』, 10월호. 가톨릭다이제스트사.

• 강만철(2008). 조기유학 한국학생들의 적응에 관한 연구
  – 호주 브리즈번 지역을 중심으로 –. 『아동교육』, 제17권 제1호, pp.15-27.

• 姜秉昌 譯註(2004). 『新完譯 大學』. 明文堂.

• 姜秉昌 譯註(2004). 『新完譯 中庸』. 明文堂.

• 고윤주(2001). 청소년기 초기의 부모 – 자녀 및 친구 관계 – 집단주의와 개인주의
  개념을 적용한 한국과 독일 비교 연구 –. 『한독교육학연구』, 제6권 제1호, pp. -18.

• Heigden, K.(1996). Scenarios : The art of strategic conversation. 김방희 역(2000).
  『시나리오 경영 : 불확실한 시대에 대처하는 법』. 세종연구원.

• 교보생명교육문화재단(2008). 『환경교육토론회 자료집 : 기후변화시대, 교육은
  어떻게 할 것인가?』, 교보생명 교육문화재단.

• 교육과학기술부(2008). 『초·중·고등학교 국가 수준의 교육 과정 기준 –총론–』.
  교육인적자원부 고시 제2007-79호.

• 교육인적자원부(2004). 학교 교육정상화를 위한 2008년 이후 대학입학제도
  개선 방안. 교육인적자원부.

• 구본용 외(1999). 『청소년의 사이버 문화』. 한국청소년상담원.

• 김기범, 김미희, 최상진(2002). 한국인의 대인관계에서의 기본도덕으로서의 의리
  분석 : 한국인에게 진정한 친구는 의리 있는 친구인가.
  『한국심리학회지 : 사회문제』, 제8권 제1호, pp.79-101.

• 김동일(2007). 『알자(ALSA)와 함께하는 공부방법 바로알기』. 학지사.

• 김민남 외(2003). 학교중심교육을 강화하는 기반조성 – 교과서 개발 –.
『교육혁신위원회 정책연구집』, pp.1-35.

• 김민남 외(2004). 『교육과정 현대화에 관한 연구』. 교육혁신위원회.

• 김수영(2007). Various roles of Charlotte beyond just a spider in E. B. White's
Charlotte's Web. 『동화와 번역』, 제14집, pp.281-303.

• 김의철, 박영신(1999). 한국 청소년의 심리, 행동특성의 형성 : 가정, 학교, 친구,
사회 영향을 중심으로. 『교육심리연구』, 제13권 제1호, pp.99-142.

• 김정숙(2001). 친구들이 저를 무시하고 인정하지 않아요.
『상담심리연구』, 제3권 제1호, pp.182-190.

• 김진숙 외(2000). 『청소년의 PC 중독』. 한국청소년상담원.

• 김학주 역주(2006). 『대학』. 서울대학교출판부.

• 金赫濟(2003). 『原本備旨 孟子集註 (上),(下)』. 明文堂.

• 김형태(2008). 『청소년 문화와 인성교육』. 기독교리더십연구원.

• 김형태(2008). 『21세기를 위한 자녀교육』. 태영출판사.

• 김희경(2004). 『죽도 밥도 안 된 조기 유학』. 새로운사람들.

• 김희화(2002). 청소년의 또래 괴롭힘 가해 및 피해와 자아존중감간의 관계 : 친구
지지의 영향. 『대한가정학회지』, 제40권 제9호, pp.47-61.

• 나유미(2000). 또래에 대한 아동의 내적 표상 모델과 또래 수용 및 친구관계의 질.
『아동학회지』, 제21권 제4호, pp.143-158.

• 남명학연구소(2008). 『南冥學研究』, 제25집. 경상대학교 남명학연구소.

• 동아일보. 신나는 공부 : 신기해요 학습 플래너, 성적이 쑥쑥!. 2008.12.9일자.

• 박경리, 김경연(2001). 아동의 영역별 자아존중감에 대한 어머니의 지지 및 또래
수용도의 영향 : 단짝친구 지지의 중재효과. 『아동학회지』, 제22권 제4호, pp.85-97.

• 박경신(2006). 栗谷 李珥의 交遊詩 考. 『한문고전연구』, 제12집, pp.95-123.

• 박도순(2001). 자기 주도적 학습능력 신장을 위한 교수-학습 과정 및 평가의 개선
방향. 『정부수립 50주년 기념 제3차 교육개혁 대토론회 : 한국교육의 경쟁력 제고 방안 자료집』. pp.19-34.

• 박원모, 천성문(2008). 초등학교 6학년 학생들의 부모애착과 자아개념,
자기효능감 및 친구관계 간의 모형검증. 『한국심리학회지』, 제5권 제1호, pp.41-59.

• 박정(2001). 『조기유학 보낼까 말까 갈까 말까』. 을유문화사.

• 박준철 외(2003). 『교육 지방 분권·자치에 관한 연구』. 교육혁신위원회.

• 박효영(1995). 후안 가르시아 오르뗄라노의 소설에 나타나는 대화 연구 「새로운
친구들」을 중심으로. 『서어서문연구』, 제7권, pp.129-144.

• 백화정(1989). 친구 지각에 관한 일 연구 -아동과 청소년을 중심으로-.
『한국심리학회지 : 발달』, 제2권 제1호, pp.69-77.

• 서울대학교 사범대학(2008). 『바람직한 대학입학제도 모색을 위한 국제학술
대회 자료집 : 바람직한 대학입학 제도의 모색』.

• 서울신문. 조기유학 말리고 싶어요. 2005.5.25일자.

• 서울여자대학교 출판부(2000). 『독서과 토론』. 서울여자대학교 출판부.

• 성백효(1990). 논어집주. 전통문화연구회.

• 성백효(1990). 맹자집주. 전통문화연구회.

• 송준호(2001). 『조기 유학, 절대로 보내지 마라!』. 사회평론.

• 신유림(2007). 또래 괴롭힘의 피해 및 가해와 친구 관계의 관련성 : 친구관계망,
친구관계 질 및 친구의 특성을 중심으로. 『대한가정학회지』, 제45권 제5호, pp.75-83.

• 신유림(2007). 학령기 아동의 사회적 위축성과 친구관계.
『아동학회지』, 제28권 제5호, pp.193-207.

• 심희옥(1999). 아동과 청소년의 사회적 기술과 가족·친구의 지원 및 적응과의
관계. 『대한가정학회지』, 제37권 제6호, pp.11-22.

• 안병만(2008). 『선진국 도약을 위한 우리의 미래전략』. 한국선진화포럼.

• 안이숙(1999). 인터넷 활용 수업이 아동의 자기주도 학습능력에 미치는 영향.
한양대 교육대학원 석사학위논문.

• 오영희(1990). 용서의 발달 : 친구사이의 용서를 중심으로.
『교육심리연구』, 제4권 제2호, pp.247-273.

• 우천식 외(2004). 『사교육의 효과, 수요 및 그 영향요인에 관한 연구』. 한국개발연구원.

• 禹玄民 譯註(1996). 『莊子 (上),(下)』. 博英社.

• 유상덕 외(2004). 『생활권 단위 교육자치에 관한 연구』. 교육혁신위원회.

• 유영만(1995). 『지식경제시대의 학습조직 : 한국기업의 학습조직 구축 방안』.
  고도컨설팅그룹.

• 윤정일 외(2004). 『중학생을 위한 학교 공부 바로 하기』. 황금가지.

• 이난, 김현수(2008). 중학생의 사회적 지지와 자기효능감과의 관계.
  『사회과학논총』, 제23집 제2호, pp.77-97.

• 이동환 역해(2008). 『대학』. 현암사.

• 이상필(2007). 『남명의 삶과 그 자취 1』. 景仁文化社.

• 이성렬(2004). 진로 상담을 통한 자기 주도적 학습력 신장.
  『2004 기초학력 정착 및 교수 · 학습력 제고 유공 교원 우수 사례 보고서』.

• 이세동 역(2007). 『대학 · 중용』. 을유문화사.

• 이순형(2008). 『조선의 어머니, 탈무드가 묻다』. 루덴스.

• 이승미, 이경남(2008). 남녀 청소년의 친사회적 행동 관련 변인 연구.
  『한국가정관리학회지』, 제26권 제2호, pp.1-12.

• 이은혜(1999). 아동의 친구관계에 관한 연구.
  『아동학회지』, 제20권 3호, pp.77-95.

• 이은혜, 고윤주, 오원정(2000). 청소년기 친구에 대한 만족감과 친구의 지원 및
  갈등해결. 『한국심리학회지 : 발달』, 제13권 제3호, pp.105-121.

• 이은혜, 김정윤, 오원정(2001). 아동의 또래지위 및 친구관계와 학교적응의 관계.
  『아동학회지』, 제22권 제1호, pp.1-18.

• 이정택(2003). 교육시장개방의 배경과 대응방안.
  『직업과인력개발』, 제6권 제2호, pp.6-9.

• 이혜영(2008). 미래 교육비전과 교육과정의 방향.
  『교육과정연구회 2008 학술대회 자료집』, pp.1-31.

• 정보통신부, 한국인터넷진흥원(2004). 『2004년 상반기 정보화실태조사』.
  정보통신부, 한국인터넷진흥원.

• 정순우(2007). 『공부의 발견』. (주)현암사.

• 정운찬(2008). 『가슴으로 생각하라』. 따뜻한손.

• 정정수(2008). 논단 : 다문화교육 ; 아시아와 친구하기 – 이주민과 함께 열어본
  다문화 교육의 장. 『청소년문화포럼』, pp.9-24.

• 조창섭 외(2004). 『학교 공부 바로 하기』. 황금가지.

• 조영달(2000). 교육과정의 정치학 : 7차 사회과 교육과정 결정의 참여구조. 교육과학사.

• 조영달(2007). 미래를 향한 한국교육의 도전 : 학교 교육과 교사
  –경남교육정책개발 토론회 특강 발표자료–.

• 조영달(2008). 현대사회의 지식인과 선비 정신의 사회적 재해석
  –南冥의 出處觀을 중심으로 –. 한국남명학연구원.

• 조영달(2008). 한국의 대학입시정책과 학교. 서울대학교사범대학 국제학술대회자료집.

• 조영달(2001). 한국 중등학교 교실수업의 이해. 교육과학사.

• 조혜영(2007). 조기유학생 학업수행과 적응에 관한 연구 : 미국 소도시 유학생들
  의 사례. 『한국문화인류학』, 제40권 제2호, pp.203-245.

• 曾先之. 『十八史略』. 소준섭 엮음. 『십팔사략 1』. 미래사.

• 曾先之. 『十八史略』. 소준섭 엮음. 『십팔사략 2』. 미래사.

• 천세영, 박소화(2008). 초국적교육 : Post-nationality의 관점에서 본 조기유학.
  『인문학연구』, 74호, pp.329-351.

• 최병모(1992). 사회과 교육과정 개발의 체계적 접근. 한국교원대학교 대학원 박사학위논문.

• 최원기(2005). 영화 속의 신체, 신체 속의 영화
  – 영화 '친구'에 대한 신체사회학적 담론 –. 『한국인간관계학보』, 제10권 제1호, pp.65-81.

• 파이넨셜 뉴스. 지식자본 확충 시급하다. 2007.11.14일자.

• 푸른아시아, 교보생명교육문화재단(2008).
  『지구온난화 가이드북 – 지구온난화 문제의 이해를 돕는 기초 매뉴얼』.

• 한경구 외(2005). 교육열문화혁신을 위한 정책탐색.
  『교육혁신위원회 정책연구집』, pp.1-73.

• 한국교육개발원(2007). 『2007년 교육통계』. 한국교육개발원.

• 한국교육과정평가원(2008). 『교육광장』, 제30권.

• 한국청소년상담원(2003). 우리 청소년, 어디로 가고 있는가? 청소년의 삶과
  고민 : 10년의 변화. 『청소년상담문제 연구보고서』. 한국청소년상담원.

• 한승희 외(2008). 『서울대학교 교육종합연구원 학술대회 자료집 : 한국 교육
  어디로 가고 있나 : 성찰과 전망』. 서울대학교 교육종합연구원.

• 한종혜, 박성옥, 이영환(1997). 친구, 가족, 교사의 사회적 지지 및 자아가치감에
  따른 아동의 스트레스. 『한국생활과학회지』, 제6권 제1호, pp.15-27.

• 허권수(2006). 『남명의 산문선』. 景仁文化社.

• 황혜정(2002). 아동과 청소년의 친구관계 발달에 관한 연구.
  『아동학회지』, 제23권 제3호, pp.35-49.

• Baker, S., Bickler, S. & Bodman, S.(2007). Book bands for guided
  reading : A handbook to support foundation and key stage 1 teachers,
  4th. UK : Reading Recovery National Network.

• Bowkett, W. & Bowkett, S.(2008). 100 ideas for developing good practice
  in the early years. London & Newyork : Continuum.

• Bowkett, W. & Bowkett, S.(2008). 100 ideas for teaching creative
  development. London & Newyork : Continuum.

• Buzan, T.(2008). Use your head. UK : BBC Active.

• Canton, J.(2006). The extream future. USA : Dutton, Penguin Group.
  김민주, 송희령 역(2007). 『극단적 미래예측』. 김영사.

• Carline, B.(2008). What pupils really think about their schools.
  London & Newyork : Continuum.

• International Alliance of Leading Education Institutes(2008). A
  statement concerning the importance of the international educational
  alliance in teacher education in a knowledge society, presented at the

International Conference on Teacher Education, Copenhagen, Denmark, 18th, August 2008.

• Clark, R.(2003). The essential 55. 박철홍 역(2004). 『아이를 위대한 사람으로 만드는 55가지 원칙』. 김영사.

• Crook, D. & Aldrich, R.(2000). History of education for the twenty-first century. Institute of Education : University of London.

• Darling-Hammond, L. & Bransford, J. (2005). Preparing teachers for a changing world. San Francisco : Jossey-Bass.

• David, P. C.(1976). If you don't know where you're going, you'll probably end up somewhere else. 조영달 역(1995). 『열린 미래를 향하여』. 교육과학사.

• Davies, I.(2005). 100 ideas for teaching citizenship. London & Newyork : Continuum.

• Delanty, G.(2002). Citizenship in a global age : society, culture, politics. Open University Press.

• Dillon, J. & Maguire, M.(2007). Becoming a teacher : Issues in secondary teaching(3rd edition.). McGrill-Hill.

• Elkin, S.(2008). 100 ideas for teaching communication, language and literacy. London, Newyork : Continuum.

• Gardner, J., Harlen, W., Hayward, L. & Stobart, G.(2008). Changing assessment practice : Process, principles and standards. Assessment Reform Group.

• Giorgis, C. & Glazer, J. I.(2008). Literature for young children : Supporting emergent literacy, ages 0-8(6th edition.). Pearson : Allyn & Bacon.

• Gopinathan, S., Tan, S., Ping, F. Y., Devi, L., Ramos, C. & Chao, E.(2008). (eds) Transforming 21st century teacher education through redefined professionalism, alternative pathways and genuine partnerships. The International Alliance of Leading Education Institute, pp.1-81.

• Haynes, A.(2007). 100 ideas for lesson planning. London & Newyork : Continuum.

- Honour, L., MacBeath, J., McCormick, R., Marshall, B., Pedder, D., Procter, R., Swaffield, S. & Wiliam, D.(2008). Learning How to Learn : Tools for schools. London & Newyork : Routledge.

- James, M., Black, P., Carmichael, P., Conner, C., Dudley, P., Fox, A., Frost, D.,

- King, I.(2008). How to make good decisions and be right all the time. London & Newyork : Continuum.

- Kiwan, D.(2008). Education for inclusive citizenship. London and NewYork : Routledge.

- Noll, J. Wm.(2008). Taking sides : Clashing views on educational issues(13th edition.). McGraw-Hill.

- Palmer, J. A.(2000). Fifty major thinkers on education : From Confucius to Dewey. London and New York : Routledge.

- Pollard, A.(2008). Reflective teaching. London & Newyork : Continuum.

- Pollard, A.(2008). Readings for reflective teaching. London & Newyork : Continuum.

- Smidt, S.(2007). A guide to early years practice(3rd edition.). London and New York : Routledge.

- Templar, R.(2008). The rules of parenting. Pearson : Prentice Hall.

- The International Alliance of Leading Education Institutes(2008). Teacher education. DPU Quarterly.

- U.S. Department of Education(2000). The condition 2000 of education. Washington, DC.

- U.S. Department of Education(2005). Helping your child : Become a responsible citizen. Washington, DC.

- U.S. Department of Education(2005). Helping your child : Succeed in School. Washington, DC.

- U.S. Department of Education(2005). Helping your child through early adolescence : for parents of children from 10 through 14. Washington, DC.

- U.S. Department of Education(2005). Helping your child with homework. Washington, DC.

- Wolfgang Kroger(1987). Heine und Marx : das Gresprach zweier Freunde. 『독일문학』, 제39권, pp.161-184.

- 金子元久(2007). 『大學の教育力 : 何を教え, 學ぶか』. 김미란 역(2008). 『대학의 교육력 : 무엇을 가르치고 배울 것인가』. 북코리아.

'웬수' 같은 내 아이의
열린 미래를 향한 도전

글 | 조영달

1판 1쇄 인쇄 | 2009년 3월 20일
1판 2쇄 발행 | 2009년 4월 1일

펴낸이 | 장성원
기획 · 마케팅 | 최영심 · 김선애 · 윤나라
표지디자인 | 이영희
디자인 | 상상공작소 · 진선미

펴낸곳 | 파인앤굿엔터테인먼트㈜
등록번호 | 제313-2004-000102호
등록일자 | 2004년 4월 26일
주소 | 서울특별시 구로구 구로5동 106-4 선경빌딩 707호
전화 | 02-852-5031
팩스 | 02-852-2032

ISBN 978-89-93577-01-3

정가 : 12,000원